INSTRUCTION

MÉTHODIQUE D'HORTICULTURE

ET DE JARDINAGE

OUVRAGE PRATIQUE

DESCRIPTION

D'UN

MOULIN DOMESTIQUE

A DOUBLE MÉCANISME

ET A MEULES DE PIERRE

Qui vient d'obtenir un brevet de 15 ans

(Sans garantie du gouvernement, suivant la loi),

A L'USAGE DES HABITANTS

DE LA CAMPAGNE, DES PENSIONNATS, FABRIQUES, PÉNITENCIERS,
HOPITAUX ET COMMUNAUTÉS,

SUIVIE D'UNE INSTRUCTION

sur

LA MEUNERIE ET LA BOULANGERIE

Mise à la portée des Personnes qui voudraient pratiquer
ces deux arts pour leurs besoins,

PAR QUENTIN-DURAND,

Ingénieur-Mécanicien, Directeur de la Fabrique centrale d'Instruments d'Agriculture et de Jardinage, du *Moniteur industriel*.

SE TROUVE A PARIS,

A la Fabrique, rue du Faubourg-St-Denis, 189,

ET CHEZ LES PRINCIPAUX LIBRAIRES.

1846.

TYP. DE H. VRAYET DE SURCY ET Cⁱᵉ, RUE DE SÈVRES, 37.

INTRODUCTION [1]

A une époque où l'art d'écrire et de faire un livre est parvenu à une si grande perfection, on se demandera peut-être comment un simple mécanicien est assez hardi pour oser prendre la plume ! Je répondrai ingénument que c'est par la nécessité de satisfaire à un vœu du public, tout en sentant mon peu d'aptitude et de vocation à me faire auteur; mais comme l'on me demande journellement l'explication de mes machines et la manière de les faire travailler, que cela m'occasionne une correspondance aussi longue qu'insuffisante et dispendieuse, j'ai pensé que le meilleur moyen était de recourir à l'impression ; et n'ayant pas d'écrivain à mes ordres, j'ai dû tenter de le devenir moi-même. Au surplus, il ne s'agit pas ici d'aligner des phrases éloquentes, il n'est question que de faits pratiques à exposer avec le plus de simplicité et de clarté qu'il me sera possible.

Mon travail se divise naturellement en deux parties : 1° l'explication des machines, accompagnée de figures gravées, et suivie de la ma-

[1] Cette introduction devait faire partie de la 1re livraison.

nière de les employer ; 2º Les diverses applications dont le service ou les produits de ces machines sont susceptibles. Cette seconde partie ne sera pas la moins intéressante aux yeux des praticiens, attendu que la plupart n'ayant pas le temps de compulser un grand nombre de livres d'agriculture seront bien aises de trouver réunis en quelques pages, et souvent même en quelques lignes, les préceptes et les meilleurs moyens sanctionnés par l'expérience, et s'adaptant au genre de travail et de besoins particuliers en rapport avec chaque machine.

C'est ainsi qu'après avoir décrit le nouveau Moulin domestique à meules de pierre, je parlerai rapidement de la nature des blés, de leurs bonnes et de leurs mauvaises qualités ; de la manière de corriger ces dernières ; de la mouture, de la nature des farines, etc. Je passe à la boulangerie ; examinant la préparation des levures, leurs qualités, leur utilité, je donne les moyens de pétrir à la campagne, et chez tout particulier pour obtenir de bon pain par un travail beaucoup plus simple que celui des boulangers. On peut pressentir que mon ouvrage est une espèce de mosaïque composée de notes recueillies soit auprès des boulangers, soit dans les ouvrages des meilleurs auteurs qui soient venus à ma connaissance.

Ce cadre me paraît si convenable que, sans me flatter de le remplir toujours d'une manière irréprochable, je me propose de l'adapter à la suite de la description de chacune de mes machines; en sorte que si le public me vient en aide, je finirai par être bientôt en état d'accompagner chaque machine par un exemplaire de sa description. Cet espoir n'est pas aussi chimérique que beaucoup de personnes pourraient le croire, bien que nous soyons dans un siècle qu'on accuse d'égoïsme, dans un siècle où l'argent, dit-on, tient lieu de tout; où chacun pousse et renverse émules, parents et amis pour arriver à la fortune. Moi, simple mécanicien, retiré à l'écart dans un coin obscur de Paris, où j'oublie souvent et mes besoins et ceux de mes enfants, pour occuper mon temps aux détails minutieux d'un art qui tend constamment à perfectionner et à simplifier les instruments d'agriculture en vue de les mettre à la portée des grandes, des moyennes et des plus petites exploitations. Eh bien! j'ai rencontré quelquefois de nobles cœurs qui m'ont compris et sont venus à mon aide sans que je les cherchasse, sans que je les sollicitasse; car mon caractère est un mélange de timidité, de fierté intérieure et de sauvagerie, qui m'empêche de faire la moindre démarche pour obtenir une faveur. Je ne puis surmonter ma répugnance que pour les besoins impérieux de ma famille; c'est alors une crise, un orage qui me jette en dehors de mes habitudes paisibles. Oui, paisibles, jusqu'à l'insouciance, jusqu'à l'oubli des injures ; car je ne sais haïr personne, pas même ceux qui pillent mes inventions et qui, ensuite, me calomnient en se les attribuant. Je plains et je pardonne également ceux qui m'ont quelquefois abreuvé de chagrin en me privant des récompenses que semblaient mériter mes travaux ; disgrâces, au surplus, dont peuvent s'honorer également plusieurs de mes confrères qui méritaient autant que moi, et qui, ainsi que moi, en sont bien dédommagés par l'estime et la confiance du public agricole.

Mais si j'oublie facilement le mal que l'on m'a fait, en récompense, Dieu m'a donné une âme aimante qui me fait savourer avec délices les doux épanchements de la famille.

Les expressions me manquent pour peindre combien je suis heureux du succès de mes enfants, et fier de leurs progrès, qui me donnent tant d'espoir pour leur avenir ; car leurs talents seront toute leur fortune. Aussi combien suis-je rempli de reconnaissance pour les personnes qui daignent s'intéresser à moi, me tendre une main amie et protectrice, en m'ouvrant leur cœur, et souvent leur bourse, sans fierté comme sans ostentation ; sans attendre d'autre récompense que la satisfaction si noble, et à la fois si rare et si pure d'aider, d'encourager, de soutenir un artiste qui cherche à se rendre utile à l'agriculture.

MOULIN DOMESTIQUE

A DOUBLE MÉCANISME ET A MEULES DE PIERRE.

RAPPORT A M. LE MINISTRE DE L'AGRICULTURE ET DU COMMERCE.

« La plus grande difficulté qui s'opposait à la propagation des moulins domestiques était surtout l'absence des forces motrices, sans lesquelles il était si difficile, jusqu'à nos jours, d'obtenir un résultat, c'est-à-dire un produit qui compensât et les premiers frais d'établissement et le travail employé à leurs manœuvres; cependant, le besoin des usines domestiques n'a jamais cessé de se faire sentir dans les fermes et dans toutes les habitations éloignées des grands moulins perfectionnés.

« J'avais essayé, depuis vingt-cinq ans, divers moyens plus ou moins heureux de réduire les blés en farine, à l'aide de petits moulins, et en dépensant le moins de force possible.

« J'en ai enfin trouvé un supérieur, qui consiste à remplacer l'ancien trémion ou baille-blé, placé sous la trémie et au-dessus de l'œillard de la meule tournante; par un appareil en fer fondu et forgé, composé de deux cylindres horizontaux qui se meuvent en sens inverse, baillant le blé tout écrasé et presque déjà réduit en farine, à l'instant où il parvient entre deux petites meules en pierre meulière, silex de qualité supérieure, propre à la mouture. Ces petites meules presque plates farinent et remoulent le son, en commençant presqu'au bord de l'œillard jusqu'à la feuillère (circonférence).

« Cette idée a si bien réussi, qu'appliquée à un petit moulin à bras à deux manivelles, dont les meules n'avaient que 40 centimètres de diamètre, on a moulu, par l'application de ce nouveau système, 27 litres de blé dans une heure (environ 18 à 20 kil.), d'une très-bonne première mouture, pour les habitants de la campagne.

« Il faut remarquer que, pour la première fois, le mouvement produit par la force motrice traverse le moulin au-dessus des archures, que ce mouvement, après avoir mis le blé en marche, est renvoyé par des engrenages sous le plancher des meules, et vient animer la meule tournante, comme dans les moulins à eau. Ainsi, ce n'est plus le frayon, placé sous l'anille de la meule tournante, qui met le blé en mouvement, mais bien l'arbre moteur principal qui anime en même temps tout le mécanisme du moulin. Il faut encore remarquer que c'est la première fois qu'un constructeur est parvenu à faire l'application à de petits moulins domestiques, qui doivent être vendus à bas prix, des perfectionnements apportés de nos jours aux grands moulins; si bien que cette petite usine domestique est en quelque sorte une miniature des grands moulins dits à l'américaine, à l'anglaise, à la française, etc.

« En augmentant le diamètre des meules, le même système peut être adapté à divers moteurs, tels que la force des animaux, au moyen des manéges, aux eaux courantes, en utilisant le plus petit ruisseau et les plus faibles chutes, ou s'adapter en supplément sur des machines mues par la vapeur, le vent, etc.

« Ainsi, bien que les pièces mécaniques employées dans le moulin domestique ne présentent, à la rigueur, rien de nouveau, n'étant qu'une imitation en petit de grandes usines perfectionnées, bien que les cylindres écraseurs soient connus et appliqués à divers usages, entre autres au broyement des graines oléagineuses, etc., personne ne s'était avisé de transformer les cylindres en baille-blé, et cela, par une nouvelle direction du mouvement moteur, et de façon que les cylindres fissent désormais partie intégrante et indispensable du mécanisme simple d'une paire de meules; d'où il résulte qu'il y a invention, pour laquelle il a été délivré un brevet de quinze ans, dont M. de Montmorency, patron de l'établissement, a fait les fonds. »

Explication de la planche en taille-douce représentant le nouveau moulin domestique, à meules de pierre et à double mécanisme, appareillé à sa nouvelle bluterie.

Ce moulin s'expédie tout monté; sa meule gisante est scellée sur le plancher de son beffroi, lequel se compose : 1° de quatre pieds ou montants A et de plusieurs traverses d'assemblage B. La meule supérieure qui se nomme volante ou courante s'expédie démontée, mais elle est garnie de son anille à l'anglaise scellée, en sorte qu'on n'a qu'à poser cette meule sur son arbre tournant, dit à pointal, garni de son agrafe, pour qu'elle trouve son aplomb et soit prête à travailler; ladite meule étant centrée, équilibrée, taillée et rodée, ou riblée dans nos ateliers, où elle a même moulu du grain avant d'être expédiée à sa destination; ce qui toutefois ne peut se faire que pour les petits moulins. Nous manquerions de force motrice pour les grands qu'on monte sur place.

Quatre petites colonnettes *a* supportent un architrave *c*, qui sert de cadre pour suspendre la trémie D; ces colonnettes fixent le cadre C au moyen de quatre écrous *é*, qu'il suffit de visser pour enlever la trémie D; ensuite on retire le chapeau du coussinet *q* en dévissant les écrous *f*, et l'on enlève l'arbre tournant du grand engrenage *c*, engrenage qu'on a eu soin de démonter auparavant, attendu que cet arbre traverse la machine à écraser, qui est en fonte, et fixée sur un plancher épais en bois de chêne. Ce plancher est arrêté lui-même entre les traverses B et fixé solidement à ces mêmes traverses par des bandes de fer plat boulonnées, en sorte que le tout s'enlève à la fois après que l'on a retiré les archures, espèce de cloche qui entoure les meules pour empêcher l'évaporation de la mouture. On retire donc cette cloche pour poser la meule tournante, puis l'on remonte successivement dans leur ordre toutes les pièces que nous venons de démonter. Il pourrait se faire aussi que les archures fussent emballées à part; il n'en faudrait pas moins démonter les pièces ci-dessus, pour les replacer après avoir remonté la meule tournante; ce qui revient au même.

Peut-être qu'en l'absence du moulin même, l'explication que je viens d'en donner sur la gravure ci-jointe paraîtra-t-elle un peu obscure; mais, en vue du moulin, cette explication deviendra si claire, qu'il ne faudra guère plus de temps pour démonter et remonter les pièces qu'il n'en a fallu pour en lire les détails.

L'on remarquera que la cloche qui entoure les meules repose sur une table en chêne H, sur laquelle tombe la mouture qui garnit le pourtour des meules lorsqu'elles ont travaillé; et lorsqu'on démontera les archures, soit pour quelques réparations, soit pour changer le grain, dans le cas où l'on voudrait éviter toute espèce de mélange, cette mouture se ramasserait proprement sur la table en chêne et se verserait dans la tourelle du bluteau; ce que j'expliquerai plus bas.

I, arbre vertical de la meule tournante. Cet arbre est tourné dans toute sa longueur; sa partie supérieure passe au travers d'un boîtard en fonte qui est garni de trois boîtes à graisse et de trois coins en bois, qui, semblables à un coussinet, le maintiennent par le haut, tandis que son pivot inférieur, acéré et trempé, tourne dans une crapaudine J, garnie d'huile. Cette crapaudine joue dans une lunette alésée intérieurement, laquelle lunette est placée et maintenue vers le milieu du boîtillon en fonte, lequel est armé, à cet effet, de quatre vis régulatrices L. Tout ce mécanisme qui fait partie du pont ou palier en fonte, a pour but de maintenir l'arbre parfaitement d'aplomb, malgré sa mobilité. Le palier est lui-même fixé solidement aux traverses B du bâti en bois, par des boulons à écrous.

M, petite roue en forme de volant qui sert à faire jouer à la main la vis de pression qui fait monter ou descendre la crapaudine J, pour écarter ou rapprocher la meule tournante; ce qui décide la grosseur ou la finesse de la mouture.

N, hanche ou conduit de la mouture.

O, poulie qui anime la bluterie au moyen d'une corde sans fin P.

La bluterie est disposée de manière que l'on n'a qu'à la pousser entre les pieds du moulin pour qu'elle retourne en place. En supposant le plancher à peu près droit, il ne s'agira plus que d'accrocher la corde sans fin P, en la faisant passer sur la gorge de la poulie O, pour transmettre le mouvement rotatif du moulin à tout le mécanisme, qui se compose d'un jeu de godets remouteurs, dont on aperçoit la tourelle R où ils sont renfermés; placée au milieu de la bluterie, dans le corps de laquelle elle est embrévée. Cette tourelle surmonte la bluterie et porte un couvercle à charnière, qui ferme à l'aide d'un crochet. Cette porte est utile pour découvrir le jeu des godets, et resserrer au besoin la boucle de leur courroie, et pour y verser le restant de la mouture, provenant des archures et de l'entourage des meules; soit, enfin, pour mélanger les farines et les gruaux après avoir changé le cylindre tournant du bluteau, ou après l'avoir garni d'une toile à mélange, c'est-à-dire d'un tissu plus ouvert.

S, dôme en fonte couvrant le dégrappoir.

T, coffre de la bluterie composée de plusieurs cases.

U, sortie du son, ouverture garnie d'une petite porte à charnière B, que l'on aura soin de fermer toutes les fois que le moulin restera en repos, ainsi que toutes les autres ouvertures pour empêcher l'introduction des souris, qui perceraient les étamines du cylindre tournant.

Les cordes de la bluterie passent sur des poulies en cuivre dont quelques-unes sont montées sur des chapes à coulisses qui permettent de tendre ces cordes convenablement.

Il faut remarquer que les coussinets du moulin, ainsi que ceux de la bluterie, ont des lumières pour l'introduction de l'huile d'olive ou de pied de bœuf, destinée à adoucir le frottement; les autres huiles, plus ou moins siccatives, formant du cambouis, doivent être rejetées. Il faut encore avoir soin de ne pas trop serrer les chapiteaux des coussinets du moulin. Généralement les écrous de ces chapiteaux doivent être tournés avec les doigts, s'il en était autrement, il faudrait doubler inutilement les forces motrices, tandis que deux hommes doivent manœuvrer facilement ce moulin de première dimension; toutefois il peut être appliqué à un manége ou à un autre moteur, et il peut être construit également dans des dimensions toujours proportionnées aux moteurs dont on peut disposer, et répondre ainsi à tous les besoins.

Manière de faire travailler le moulin domestique. — Je viens de décrire ce moulin apparcillé avec sa bluterie, afin de ne pas multiplier inutilement les figures; néanmoins les personnes qui possèdent un blutoir et qui ont l'habitude de bluter elles-mêmes leur mouture au retour du moulin, pourront se dispenser d'acheter la bluterie de notre appareil. Dans ce cas, le bluteau représenté ici sera considéré comme s'il n'y était pas, et la description du moulin proprement dite restera la même.

La manière de faire travailler le moulin est fort simple, il suffit de jeter un coup d'œil sur l'appareil écraseur placé au-dessous de la trémie D, pour en comprendre le mécanisme formé d'un encorbeillement en fonte, lequel est composé de plusieurs pièces réunies par de fortes vis, de manière à former un jeu de coussinets à coulisses qui permet à l'un des cylindres écraseurs de se rapprocher plus ou moins de l'autre, afin d'écraser à plusieurs grosseurs; ce rapprochement des cylindres s'opère à l'aide d'une vis de pression X, que l'on tourne facilement à la main.

Comme le grain, versé dans la trémie D, pourrait passer trop vite et remplir l'œillard de la meule tournante qui n'aurait pas le temps de moudre assez vite, j'ai ménagé une soupape à coulisse qui se règle à volonté par une seconde vis de pression, que l'on tourne à la main; cette soupape qui recouvre les deux cylindres écraseurs ne doit laisser qu'un très-petit passage au blé (environ un centimètre ou 4 lignes), tandis que pour remoudre des gruaux et des sons, il faut beaucoup plus d'ouverture, ainsi que je le démontrerai par quelques exemples.

Repiquage des meules. — J'ai dit que les meules des moulins de petite dimension étaient taillées, dressées et mises en moulage à la fabrique, il faut ajouter que l'arbre vertical tournant peut toujours être maintenu d'aplomb par les coins de son boîtard mécanique en fonte, et que les coins peuvent se resserrer comme des coussinets, avec des vis de pression placées audit boîtard, et dont on aperçoit les têtes sous le plancher de la meule gisante, et que le bout inférieur de l'arbre est maintenu d'aplomb dans sa crapaudine, ainsi que je l'ai expliqué plus haut; que, d'un autre côté, la meule tournante est armée d'une anille à l'anglaise, qui est scellée parfaitement au centre et de manière à équilibrer la meule, qui, par ces dispositions, ne peut jamais perdre son aplomb. Une agrafe fourchue, emboîtant le carré de l'extrémité supérieure de l'arbre, laisse passer la pointe en fer de toupie de ce même arbre qui vient s'emboîter dans la fraisure centrale de l'anille, pendant que l'agrafe l'entraîne dans son mouvement de rotation, en sorte que la meule est posée sur une pointe et flotte en équilibre comme l'aiguille aimantée d'une boussole. Ce perfectionnement, en apparence si simple, est un des plus importants pour le gouvernement d'un moulin domestique; aussi plus n'est besoin maintenant de savoir repiper l'anille avec de petits coins en bois, ouvrage qui demandait beaucoup de soin, d'intelligence et d'expérience aux anciens meuniers; d'où il résultait que la conduite d'un moulin était impraticable pour un bourgeois. Maintenant on n'a plus qu'à entretenir ses deux meules en bon état; et pour cela, il suffit de les visiter toutes les fois qu'on s'apercevra que le moulin débite moins d'ouvrage qu'à l'ordinaire, bien que la

2..

mouture en soit plus belle et les sons plus larges. Mais il vient un temps où les meules ont besoin d'être réveillées : c'est lorsque les molettes deviennent trop polies. On entend par molettes les aspérités supérieures du silex, qui finissent par se polir par le frottement réitéré des deux meules. Ces aspérités présentent des surfaces qui varient de la largeur d'une pièce de un franc à cinq francs; la forme des autres, encore plus petite, varie à l'infini. Il suffit de dépolir ces surfaces par une très-légère sillure, donnée à petits coups avec un marteau léger en acier fondu, dit marteau à l'américaine, dont les deux pannes battues en coin représentent assez bien deux gros burins d'ajusteur réunis par la tête. L'on frappe avec ce biseau, tantôt de la pointe, tantôt du tranchant. Comme ce marteau est trempé dur, il s'y fait quelquefois des brèches, qui n'empêchent pas le travail; il suffit de retourner le tranchant lorsqu'il est trop écorné, ce qui est facile, au moyen du manche américain, dont la tête est percée; le marteau passe au travers, s'y cale avec de petits coins en bois, et se trouve ainsi solidement fixé dans toutes les positions et inclinaisons qu'on croit devoir lui donner. Le prix de ce marteau est de 8 francs.

En repiquant la meule, il faut avoir soin de ne pas faire de brèche à la feuillère, qui est la circonférence ou bord extérieur de la meule, attendu que c'est là où les gruaux se raffinent et que les brèches les laisseraient échapper sans être moulus. Pour s'assurer que les surfaces des meules restent parfaitement droites, on se sert d'une règle-carlette de 4 à 5 centimètres d'épaisseur; on frotte une des faces de cette règle avec un pinceau trempé dans du rouge de prusse délayé dans de l'eau (cette couche de rouge doit être très-légère); puis si l'on promène la carlette sur toute la surface de la meule, le rouge marquera les aspérités les plus saillantes; il suffira à l'ouvrier de la moindre intelligence pour savoir reconnaître si la meule est bien dressée et bien ciselée partout. Cela fait, on remontera le moulin. Il est bien entendu que le gîte aura été travaillé sur place. L'on commencera par moudre quelques poignées d'orge ou de mauvaises graines, pour nettoyer les meules et les remettre en moulage, afin que les graviers qui seraient restés dans les trous se nettoient tout à fait et que la bonne farine ne soit pas croquante. Cette mouture provenant du nettoyage peut toujours s'utiliser à la basse-cour.

La personne qui taille les meules fera bien d'avoir des bésicles ou lunettes à verre de vitre, pour éviter les éclats du silex.

Coup d'œil sur l'art du meunier, où chacun puisera l'instruction nécessaire pour moudre son grain lui-même.

De nos jours, où toutes les connaissances se perfectionnent, la meunerie n'est pas restée réfractaire à l'impulsion donnée; le haut commerce des farines a demandé au génie de la mécanique l'épuration complète des grains, et les moyens d'en tirer toute la quintessence farineuse. Ce but a été atteint, parce que là où les bénéfices se renouvellent en se multipliant, les obstacles finissent par être vaincus.

Le plan restreint de cet opuscule ne me permet pas d'entrer dans de longs détails, je concentrerai l'attention du lecteur, sur les choses qu'il lui importe le plus de connaître. Il me suffira tout d'abord d'expliquer aux personnes, qui croient que la mouture particulière doit ressembler à celle du commerce, qu'elles commettent une erreur, attendu que l'intérêt du particulier et celui du meunier ne sont pas de même nature.

Le particulier qui moud ou fait moudre pour son usage veut manger un pain qui soit fait avec tout le produit farineux de son grain, et il a raison; tandis que le meunier commerçant est obligé de diviser la mouture d'un même grain en diverses qualités, pour satisfaire aux divers besoins, ou fantaisies de ses clients; de là ces classifications de *première*, dite du blanc, ou farine de blé, qu'il ne faut pas confondre avec la farine des gruaux remoulus qui, quoique moins blanche, est réellement supérieure à la *farine de blé*, attendu qu'elle est plus riche en gluten, (matière dont j'expliquerai tout à l'heure la nature essentielle). Ces gruaux, lorsqu'ils sont divisés par la combinaison du blutage sont remoulus séparément, et donnent alors : 1° la farine de gruau blanc, c'est-à-dire le gruau auquel n'adhère plus la moindre parcelle de son ; 2° la farine de gruau gris, qui retient un peu de son ; 3° et enfin la farine de gruau bis, qui a retenu plus de son et plus de germe ; ce qui en altère la blancheur, sans nuire à la qualité nutritive.

Pour les consommateurs qui tiennent plus à la qualité du pain qu'à l'apparence, l'on remêle ces trois gruaux pour les remoudre ensemble, puis l'on mélange la farine qui en provient avec la farine *du blé*, ce qui donne un excellent pain, non pas très-blanc, mais plus appétissant et moins sec que le pain blanc ordinaire des boulangers.

Cette farine, à tout produit, est précisément celle qui convient le mieux aux cultivateurs et à tous ceux qui moudront eux-mêmes pour leur consommation; ils l'obtiendront de prime-abord par une seule manutention ; car ce travail des meuniers tel que je viens de le décrire, et qui ne s'exécute bien que sur une grande échelle, trop compliqué pour un ménage, y est heureusement inutile ; et puis un particulier ne possède pas, comme le meunier, de grandes forces motrices ; son travail doit donc être aussi simple que possible, bien qu'il doive obtenir autant de farine de son grain, sans s'assujettir aux détails multipliés de la mouture du commerce, dont il abandonne volontiers le raffinement et le luxe à la boulangerie des grandes villes, et notamment de Paris.

Néanmoins, les personnes qui désireraient faire du pain de fantaisie, ou de la pâtisserie, pourraient imiter, en ce qui leur conviendrait, les divisions que je viens de citer, en élevant la meule tournante pour faire une mouture plus grosse, et remoudre ensuite les gruaux séparément. Mais cela exigerait un cylindre de rechange à la bluterie.

Je pense avoir résolu le problème de la mouture simplifiée, d'une manière satisfaisante, par l'invention de mon moulin domestique, dont le double mécanisme écraseur et broyeur abrége tellement les opérations, qu'on peut, sous le rapport de la simplicité, en comparer le travail à celui de l'ancienne meunerie, connue sous le nom de *mouture rustique;* laquelle mouture, obtenue d'un seul coup, passait dans un bluteau de laine en forme de sac, qui donnait environ deux tiers de farine dite fleur, et un tiers de seconde farine, ou de bis blanc, espèce de gruau qui, ordinairement se remêlait avec la première, ayant été purgée du gros son qui s'en échappait au bout du bluteau.

Le moulage du moulin domestique qui peut aussi s'effectuer en une seule fois, ressemble encore par sa simplicité à la mouture dite en *grosse*, laquelle est rendue par le meunier des campagnes toute mêlée au son, pour être blutée chez le particulier.

Cependant le nouveau moulin domestique, à l'aide de son double mécanisme écraseur et broyeur, par sa bluterie tournante à godets alimentaires et rafraîchissants, fait un travail qui se rapproche également de celui de la mouture dite économique ou perfectionnée. Ainsi ce nouveau moulin réunit dans son ensemble mécanique ce qu'ont de plus avantageux les diverses méthodes en faveur de la mouture particulière. Pour rendre cela plus clair, continuons de passer en revue les divers procédés de la meunerie.

L'ancienne mouture rustique était de trois sortes : celle dite du pauvre, celle du bourgeois, et celle du riche. Différences qui provenaient, non du moulin, mais de la manière de bluter, ou plutôt de la finesse ou de la grosseur des bluteaux qu'on y employait.

Il est bon de constater que c'est plutôt par le perfectionnement du blutage que l'art du meunier fait des progrès, que par la manière de moudre; néanmoins le moulage n'est pas non plus sans influence sur la qualité des farines, et par suite sur celle du pain. Sa divisibilité, dit Malouin, par la mouture, peut aller jusqu'aux parties spécifiques intégrantes du grain. C'est pourquoi il est un

2...

terme dans la mouture, au delà duquel on ne peut aller; autrement on décomposerait en quelque sorte la nature du grain; au lieu de le réduire suffisamment, sans altérer sa qualité nutritive.

D'après cette remarque, il est aisé de comprendre qu'une farine un peu grosse et rude au toucher est préférable à une farine trop fine ou usée, telle qu'elle se rencontre parfois dans le commerce. Cette farine a été usée, soit par des moulins qui tournant trop vite l'ont trop échauffée et divisée, soit encore qu'elle ait repassé trop de fois par les meules, d'où il résulte qu'au pétrissage, elle boit moins d'eau, lève moins bien qu'une bonne farine, donne moins de pain, et le pain qui en provient n'a pas de goût et sèche très promptement.

D'après cet exposé succinct des effets résultant des procédés pratiques de la mouture, il est bon de passer à la théorie du grain, pour éclairer ce qui pourrait paraître obscur.

Anatomie du blé froment, sa nature.

Si l'on met des grains de froment entre un linge humide, qu'on les y laisse quelques heures, il sera facile d'enlever ensuite en grattant avec la lame d'un couteau, la première peau ou son, qui est jaune et transparente; et si le grain est suffisamment trempé, on obtiendra une seconde peau plus fine et moins jaune, qui laissera à nu le germe, d'un jaune blanchâtre, souvent mêlé d'une faible nuance verte. Ce germe est d'une grande dureté, qui le conserve, même dans l'eau, où l'on aurait mis le grain pourrir, ainsi que dans la terre, où il grossira en poussant, pendant que le reste du grain se change et devient une espèce de lait qui sert à le nourrir. Ce germe est creux, partagé en une ou deux cloisons, bien que sa solidité soit telle, qu'il résiste aux meules, au point de ne pouvoir se mettre que très-difficilement en farine, formant au contraire une espèce de grésillon.

Le blé dépouillé du son, et vu au microscope, fait voir que la farine est composée de globules à six pans, enveloppés d'une pellicule très-fine, et ces globules sont attachés à des pédoncules, formant ainsi des espèces de grappes. La farine, au gros bout du blé est plus grasse et plus longue que celle du petit bout ; ce qui donne à penser que l'une tient du gluten et l'autre de l'amidon. En effet, depuis la découverte de Beccari, l'on sait que la farine du froment, surtout, se compose de deux substances bien différentes l'une de l'autre ; savoir : de l'amidon qui forme environ les deux tiers du grain, et qui est aussi la farine la plus fine et la plus blanche, celle enfin qui se sépare le plus facilement, à la première mouture. Cet amidon possède les principes physiques ordinaires des végétaux, qui sont de se dissoudre à l'eau froide, de tendre à l'acidité, et de s'aigrir en pourrissant.

L'autre substance farineuse qui forme, environ le tiers dans les meilleurs blés froments, est d'un blanc jaune, ne se dissolvant pas à l'eau froide, ni même par l'ébullition, qui en forme au contraire un corps spongieux, indissoluble lorsqu'elle est pure. Cette farine se nomme gluten, attendu qu'en séjournant longtemps dans l'eau elle devient une espèce de glu. La nature du gluten se rapproche du règne animal: en pourrissant elle s'empuantit comme de la viande et tourne à l'alcalicité; aussi est-il dévoré par les mites lorsqu'elles se mettent aux vieilles farines. D'où il résulte que les farines mitées étant dépourvues en partie ou en totalité de leur gluten, donnent la diarrhée et peuvent devenir mortelles, si l'on ne s'empresse de les corriger, soit en y mêlant de la fécule ou même de la pomme de terre râpée, ou, ce qui serait encore mieux, de vrai gluten, qu'il serait sans doute facile de se procurer, maintenant qu'on fait extraire cette substance en faisant l'amidon (1), au lieu de la laisser pourrir

(1) Déjà une fabrique considérable de ce produit a été montée par MM. Verron frères. Ces Messieurs pourraient fournir 1,380,000 kil. de gluten par an. Voir le *Moniteur industriel* des 13 et 16 mars 1845, pour les détails de cette découverte dont il est à craindre qu'on

dans les tonneaux où l'on mettait tremper le grain concassé pour en extraire seulement l'amidon. Le gluten est donc la partie la plus nourrissante du blé, et de tous les grains le froment est celui qui en contient le plus. Le seigle tient sous ce rapport le second rang.

Après cela, la farine du froment la plus riche sera celle qui contiendra le plus de gluten ; mais comme ses proportions sont sujettes à varier par plusieurs causes, voici la manière de séparer le gluten de l'amidon réunis dans la farine, et par conséquent d'en reconnaître la qualité.

Séparation du gluten de la farine.

La farine blutée séparée du son, sera délayée de manière à en former une pâte *sans levain*, que l'on pétrira comme pour faire du pain, puis l'on continuera à tourner légèrement ce morceau de pâte des deux mains sous un filet d'eau froide, lequel filet lavera à l'aide du mouvement, et entraînera sous forme d'eau blanche le corps amidonneux. Cette manœuvre ne devra cesser que lorsque l'eau ne blanchira plus et s'écoulera bien claire. Dès-lors il ne restera dans la main qu'une espèce de glu ou colle très-forte : C'est le gluten.

Ensuite, après avoir laissé l'eau blanche s'éclaircir par le repos, on décantera, et l'on fera sécher le résidu sous forme de farine blanche, soit par l'air, soit par une chaleur très-douce : ce résidu sera l'amidon. Et l'on pourra reconnaître si la quantité de cette dernière substance et celle du gluten sont dans la proportion de un tiers à deux tiers, qui est la condition des meilleures farines.

Nature du son.

En décrivant l'anatomie du blé, j'ai dit que le son

---

abuse, pour altérer des farines aux dépens des malheureux. La loi ne devrait permettre son extraction qu'aux seuls amidonniers.

extérieur était plus jaune que celui de dessous, et que le froment était arrondi d'un bout et pointu à la partie inférieure qui tient à l'épi, que la partie du gros bout, ou tête, était plus grasse que celle de la queue (p. 55); cela provient, sans nul doute, de la chaleur solaire qui attire dans cette partie les sucs de la plante, les élabore et les mûrit plus vite. Il en résulte une essence huileuse qui semble s'attacher de préférence au son; c'est pour cela que les meuniers ont trouvé avantageux de les remoudre pour en détacher le peu de farine qui s'y trouve adhérente. Cette farine est plus bise et forme le gruau, si l'on a desserré les meules et moulu plus gros; et, comme je l'ai fait observer, ces remoulages absorbent beaucoup de peine et de temps, et ne conviennent que lorsque l'on opère sur de grandes quantités de grains, ainsi que cela se pratique pour le commerce des farines; or, tel n'est pas notre cas, nous ne moulons au contraire qu'au fur et à mesure de la consommation, c'est-à-dire tous les huit ou quinze jours environ ou par fournées, en sorte que nous devons éviter de faire autant que possible nos sons gras, qui contiendront au reste peu de farine en sortant de notre moulin domestique, si l'on a bien exécuté le travail, par la raison que le grain est écrasé en passant par les deux cylindres alimentaires avant d'arriver dans les meules, qui n'ont plus qu'à écurer les sons pour en détacher la farine.

Au surplus, je vais indiquer un procédé facile de retirer le peu de farine qui resterait adhérente au son, lorsqu'on ne voudra pas en gratifier les bestiaux, et cela sans le repasser par les meules; car les sons gras qui sont une perte pour le meunier, en sont-ils réellement une pour les fermiers, et toutes personnes qui ont une basse-cour et des porcs à l'engrais? Je ne le crois pas, et beaucoup de cultivateurs m'ont affermi dans cette idée. Le son gras, disent-ils, leur est indispensable, tandis que le son du meunier, produit de la mouture, dite économique ou du commerce, est tellement écuré par les repassages dans les meules, que les animaux n'en veulent plus, attendu qu'ils ne contiennent plus de substances nutritives, soit qu'il se nomme gros son, recoupe ou remoulage, et qu'il n'est autre que le petit son des gruaux.

Qualités et défauts du froment, sous le rapport de la mouture.

Les meuniers accordent la préférence au petit blé dur et lourd, de forme arrondie, de couleur grise, tirant sur le vert, se rapprochant autant que possible des blés pleins et glacés de la Brie, attendu que ces blés ont peu de son et rendent beaucoup de farine à la mouture. Ces blés proviennent presque toujours de terrains pierreux ou de plaines élevées; ceux des pays chauds sont meilleurs que ceux des pays froids. Les blés produits par les terres fortes ne tiennent que le second rang; ils sont néanmoins meilleurs que ceux qui viennent dans les terres basses et humides. Enfin les gros blés étant ordinairement *sonneux*, comme disent les meuniers, sont moins estimés que les petits blés gruauteux, mais ils sont préférables à ceux qui sont minces et allongés. En général, les blés gros, longs et jaunes, sont les plus légers; ils donnent plus de son et moins de farine.

Le bon blé doit donc être lourd et sonore; l'on doit pouvoir plonger facilement la main au fond du sac, la retirer pleine; en la serrant, le grain doit s'en échapper de lui-même presque entièrement. Mon crible, à plan incliné, qui a obtenu un brevet de quinze ans, donne au blé une partie de ces qualités, par la perfection de son nettoyage. Voyez le rapport que s'en est fait rendre le ministre de la guerre, inséré page 12 de notre première livraison.

Maturité des grains pour la mouture.

A l'exception des blés provenant des années humides, et qui sont fort difficiles à conserver, on ne doit pas se hâter de moudre sa récolte. Le grain acquiert de la maturité en vieillissant et se bonifie. Il faut, autant que possible, attendre au printemps, et même à la fin de l'année. A cette époque, il sera plus sec, rendra moins de son, et sa farine sera plus nutritive. On prétend même que l'ivraie et autres semences étrangères, perdent, au bout d'un an, leur qualité malfaisante, ainsi que la graine de rougeole dont l'écorce rougit la farine et le pain. L'avantage des vieux grains sur les nouveaux est tel, qu'ils rendent, dit-on, un vingtième de farine en plus; en outre, les nouveaux grains sont souvent nuisibles à la santé.

Le temps de l'amélioration des blés se borne ordinairement aux 1re, 2e et 3e années, après quoi il s'altère, à moins d'employer des moyens de conservation tout particuliers; c'est surtout la première année que le froment est le plus difficile des grains à conserver, par sa tendance à la fermentation, lorsqu'il est rangé en monceau; s'il n'est remué souvent, il s'échauffe bientôt au point de rendre une odeur spiritueuse; si l'on enfonce alors sa main dans le tas, l'on sentira une chaleur humide, et si l'on tarde à le remuer, il rendra bientôt une odeur aigre; dès-lors il ne sera plus propre à faire du pain, ni à nourrir les animaux qui en refuseront l'usage.

L'on prévient ces accidents; 1° en ne donnant que 50 centimètres d'épaisseur à la rame de blé; 2° en laissant entre chaque rame, un chemin de 60 centimètres de large; 3° en les criblant souvent, c'est-à-dire tous les quinze ou vingt jours. Ce travail qui renouvelle l'air, sèche et purifie de plus en plus le grain, s'exécute si facilement avec mon nouveau plan incliné, que deux personnes, employées au service de mon grand modèle, peuvent purifier jusqu'à 250 quintaux métriques, ou 20 milliers de kilog. par journée de dix heures de travail,

(Lisez dans la 1re livraison citée plus haut, l'expérience faite devant une commission à la manutention générale du quai de Billy, à Paris.)

Mélange des blés au moment de les moudre.

Un particulier est plus intéressé qu'un meunier à mélanger ses graines au moment de les moudre, puisqu'il opère sur de petites quantités, tandis que le meunier commerçant, qui travaille sur de fortes parties peut toujours ensuite mélanger ses farines ; la raison de ces mélanges, est que le blé sonneux s'améliore, étant mélangé, dans certaines proportions, à des blés glacés.

Les blés humides empâtent les meules et les bluteaux ; leurs farines molles, grossières et de mauvaise garde, gagnent en se mêlant à celle du vieux blé sec, dont le son serait trop fin et passerait en partie dans la farine, si on les moulait seuls ; tandis que ces grains, mêlés pendant vingt-quatre ou quarante-huit heures, avant d'être moulus, se corrigent l'un par l'autre, et donnent de meilleure farine et de meilleur pain ; mais il ne faut pas les mélanger plus longtemps d'avance, dans la crainte qu'ils n'entrent en fermentation ; par la même raison, leur farine ne doit pas être trop longtemps gardée, à moins de la repasser par le bluteau deux ou trois jours après la mouture, afin de favoriser cette dessiccation ; sans ces précautions, on ne l'empêcherait peut-être pas de se gâter au bout de quelque temps.

La tourelle à godets, placée en tête de la bluterie de mon nouveau moulin domestique est parfaitement disposée pour rebluter les farines. Il faut seulement avoir soin de soulever la meule tournante et de desserrer les cylindres alimentaires, pour éviter des frottements inutiles, attendu que le mouvement de cette bluterie vient directement du moulin ; il ne s'agit plus pour rebluter les farines et même les mélanger au besoin, que de les verser petit à petit et directement dans la tourelle.

Du seigle.

Ce que j'ai dit de la maturité du blé qui se complète en vieillissant, s'applique surtout au seigle, qui est même dangereux lorsqu'il n'a pas fait son effet, ou, pour parler vulgairement, lorsqu'il n'a pas ressué. Le seigle ergoté, étant nouveau, cause une maladie scorbutique qui souvent dégénère en une gangrène sèche; il fait le pain noir tirant sur le violet, tandis qu'il perd toutes ses mauvaises qualités en vieillissant et donne du pain plus blanc.

Comme le seigle se vend presque partout un tiers meilleur marché que le froment, son usage est très-répandu dans la campagne; c'est pourquoi je crois devoir insister ici sur ses bonnes et mauvaises qualités.

Le seigle vient mieux dans les climats froids, et s'il a été recueilli dans une parfaite maturité, serré par un temps sec, il sera plus facile à moudre, donnera une plus belle farine et moins de son que lorsqu'il aura été saisi par la chaleur; car, dans ce dernier cas, il sera maigre, peu farineux et tout en son.

Mouture du seigle.

Il est préférable de moudre le seigle seul, sauf à mêler ensuite sa farine à celle d'un autre grain à l'aide de notre bluterie déjà mentionnée. Cette précaution est nécessaire, parce que le grain du seigle est plus allongé et plus mince que le froment; en outre, il est plus dur, et ses deux extrémités échappent aux meules, même dans les grands moulins, ce qui fait un son dur, qu'il est bon de remoudre seul après avoir baissé la meule tournante; à moins de faire bouillir ce son, pour en tirer une colature ou bouillie, pour pétrir comme je l'indiquerai au pétrissage pour le son de froment. Au reste, le repassage des sons par les meules ou leur cuisson pour obtenir une colature ne doit guère se pratiquer que dans les temps de disette; sans cette nécessité il vaut mieux donner les sons aux bestiaux et à la volaille, attendu que le son du seigle, après avoir été repassé par le meules, vaudra moins que celui du froment.

L'usage du pain de seigle ne convient point aux personnes mélancoliques comme celui du froment, cependant Cadet Devau recommande l'usage du pain de méteil et ensuite du pain de seigle comme alimentation hygiénique et diététique, bien supérieur, suivant lui, au pain de luxe, ainsi nommé par les boulangers de Paris pour désigner le pain, composé de la fleur de farine et de farine de gruau froment, qu'il regarde comme trop nourrissant par l'abondance de son gluten.

Au défaut du seigle, Cadet Devau donne la préférence au pain dit *à tout*, qui réunit la totalité des farines et surtout une portion de farines bises. Ce genre de mouture est celui qui convient le mieux à la campagne. Cette mouture est aussi la plus facile à obtenir en une ou deux fois, à l'aide d'un moulin domestique, soit à meule de pierre, soit à meule de fer. Le moulin en fer d'un prix moins élevé peut convenir à de petites fermes isolées des grands moulins. C'est pourquoi j'ai dû m'attacher à le perfectionner, et j'y ai réussi par l'addition d'une petite bluterie à brosse et à toile métallique qui sépare simplement la farine du son, attendu que la mouture de ces moulins se fait en une seule fois; j'en donnerai la description à la suite de cette livraison.

De l'orge.

Sous le rapport nutritif, l'orge tient le troisième rang parmi les graminées; son pain est rafraîchissant, et tient le ventre libre; sa rainure profonde fait qu'une partie de son gruau échappe, à peine en farine, aux meules et reste dans le son, ce qui fait qu'on n'obtient, par les meilleurs procédés de mouture, que la moitié de son poids primitif en grain, comme on peut le voir dans l'*Art du meunier*. Sa farine grossière, quoi qu'on fasse, n'a pas, en pâte, autant de liaison que celle du seigle, en sorte que son pain doit être enfourné aussitôt qu'il est prêt, sans quoi il sécherait, se fendrait, et s'émietterait promptement. L'on corrige en partie ces défauts en mêlant sa farine, au moyen du bluteau, à la farine du seigle, du froment, et, quelques personnes prétendent même, à celle du sarrasin (1).

Je ne saurais trop recommander l'amélioration du pain d'orge, dont l'usage serait excellent dans toutes les maladies inflammatoires, aux personnes attaquées de rhumatisme et de goutte, auxquelles on recommande l'usage des viandes blanches. Au reste, le pain d'orge est de bonne garde; il y a des contrées où l'on s'en nourrit exclusivement, comme en Norwège, où l'on ne cuit ce pain qu'une fois par an; il devient si dur qu'il faut le casser avec des marteaux. On peut s'en servir pour les embarcations.

Du sarrasin ou blé noir.

Le pain de sarrasin, au contraire du pain d'orge, resserre le ventre. Néanmoins il se digère facilement, attendu qu'il est plus chaud, plus nourrissant que celui d'orge et de seigle. En Westphalie, on fait du pain composé de farine d'orge, de seigle et de sarrasin. Il serait certainement meilleur si l'on pouvait y mêler de la farine de froment.

La farine de sarrasin est ordinairement grise, parce qu'une partie du son noir et broyé reste dedans et donne au pain un goût d'amertume. Il serait facile d'enlever cette enveloppe noire pour la séparer de l'amande qui est très-blanche; pour cela, il suffit de passer le sarrasin dans mon petit moulin, dit *concasseur des écuries*,

(1) Au moment où j'écris ces lignes, je reçois la visite de M. Le Cointe, directeur de l'institution des jeunes détenus, à Quevilly (Seine-Inférieure). M. Le Cointe fait usage de mon moulin à double mécanisme; il m'a rapporté qu'il mêlait l'orge, le blé et le seigle, et qu'il en obtenait une très-bonne farine; ce qui contredit la recommandation que j'ai faite de moudre ces grains séparément, sauf à mêler les farines ensuite. Malgré l'autorité de M. Le Cointe, je crois devoir persister dans mon opinion.

auquel il serait possible d'ajouter un petit ventilateur qui enlèverait le son au moment où le grain concassé sortirait du moulin; et, à défaut de cet appareil, le fermier qui aurait seulement mon petit concasseur des écuries, pourrait ensuite séparer l'enveloppe avec un tarare ventilateur; l'amande, ainsi purifiée, donnera une farine très-blanche et d'un meilleur goût.

Du maïs ou blé de Turquie.

Le maïs doit être parfaitement sec pour être réduit en farine; à cet effet, on fera bien de mettre au four, aussitôt après en avoir retiré le pain, la quantité qu'on se propose de moudre pour la cuisson prochaine; et cela peut se faire sans frais, surtout à la campagne. Un autre moyen également économique, principalement en hiver, où l'on fait continuellement du feu au foyer, ce sera de se servir d'une poêle en tôle pour le torréfier légèrement avant de le moudre. J'ai traité de la sorte du vieux maïs qui sentait la poussière, et semblait n'être bon que pour la volaille; par ce procédé, il perdit ses mauvaises qualités et fournit une excellente farine.

Le maïs étant de tous les grains le plus dur à moudre, les meuniers ne le travaillent que lorsque les meules sont fraîchement rebattues; c'est ce qui fait que la farine en est quelquefois remplie de parcelles de pierre très-fines, qui la rendent croquante sous la dent. Les meules de mon moulin domestique étant en général plus petites et plus légères que celles des grands moulins, il sera bon premièrement de concasser le maïs dans un petit concasseur dit des écuries, décrit page 18, avant de le moudre en farine. A Paris, les gruaux de ce grain sont beaucoup plus recherchés et plus chers que les farines fines; les gros gruaux surtout sont préférés pour les potages.

De l'avoine.

La grosse avoine blanche unilatérale est la meilleure pour la nourriture de l'homme. Il faut commencer par la mettre en gruau, c'est-à-dire la concasser grossièrement avec le petit concasseur dont je viens de parler, opération qui n'est ni longue ni fatigante; on criblera ensuite le grain concassé soit avec un tamis en toile métallique, soit avec un tarare pour retirer une partie du son, puis l'on soumet le gruau au moulin domestique à meule de pierre. Ce gruau se moud difficilement en farine grisâtre, mais douce au toucher et ressemblant assez à la farine du seigle.

Ce qui occasionne la difficulté de réduire l'avoine en farine m'a paru provenir de ce que ce grain forme une espèce de volute ou peau très-fine, veloutée, d'une poussière farineuse, mais peu abondante, laquelle s'extrait facilement par l'immersion du gruau d'avoine dans l'eau et forme ensuite une excellente crème qui épaissit en cuisant.

Pour bien réduire le gruau d'avoine en farine, il serait peut-être bon de le moudre avec le gruau d'un autre grain ou avec cet autre grain lui-même de qualité opposée et qu'on voudrait mélanger à l'avoine.

L'avoine, échauffante pour les chevaux, est rafraîchissante pour les hommes. J'en ai moi-même éprouvé les bons effets en 1816 dans une espèce de maigreur phthisique. Voici comme je préparais le gruau d'avoine blanche, dit gruau de Bretagne, c'est-à-dire qu'il n'était pas entier comme on en trouve maintenant chez les marchands de gruau et de pâte. Au moyen de mon concasseur, je le brisais grossièrement, peu importe qu'il s'y trouvât ou non une portion de paille ou de son; je le mettais tremper dans l'eau après l'avoir bien remué, je le laissais reposer environ trente minutes, puis je décantais, avec la précaution de ne pas laisser échapper d'eau blanche, je remettais de l'eau claire, et après un nouveau temps de repos, je renouvelais l'eau fraîche pour recommencer à l'écouler une troisième fois. Ces lavages répétés avaient l'avantage d'enlever un goût âcre qui irrite la gorge, en même temps qu'ils détrempaient le corps farineux que je séparais ensuite facilement en lavant le gruau sur un tamis ou dans une passoire de fer-blanc avec un filet de lait, en remuant avec une cuiller de bois ; puis mettant le tout sur le feu, je tournais jusqu'à ce que la crème fût suffisamment épaissie ; alors je la retirais du feu, je sucrais, j'ajoutais quelques gouttes d'eau de fleurs d'oranger ou de menthe, et j'obtenais une crème excellente. Quelquefois l'avoine se mettait tremper le soir et restait dans l'eau toute la nuit, après les deux premiers lavages et jusqu'au déjeuner du lendemain sans inconvénient.

Quant au pain d'avoine pure, l'on sait depuis longtemps qu'il est des plus mauvais, d'un goût détestable, noir, lourd et collant, cependant il est des pays où, faute de mieux, il est d'un usage général. Quand on sera réduit à cette sorte d'aliment, il faudra, comme je l'ai déjà dit, faire son possible pour mêler à la farine d'avoine celle de quelque autre grain. Toutefois on assure qu'il se fait certaine pâtisserie assez recherchée avec de la farine d'avoine.

Farine de riz.

La farine de riz peut entrer pour un vingtième et même plus, dans le pain de fantaisie, dit pain de gruau. J'ai déjà placé chez des boulangers, qui en font un secret pour leurs confrères, des moulins domestiques à meules de pierre et à double mécanisme, et des petits moulins en fer, à bluterie métallique et à brosse, dits *moulins de ménage*, qui ont figuré à l'exposition de 1844, dans ma collection de machines. A la fin de cet ouvrage, je donnerai la figure de ce moulin, monté sur une jolie huche.

La farine de riz est encore susceptible d'une foule d'application dans un ménage, soit pour la pâtisserie, soit pour des crèmes ou des gâteaux au four et à la casserole.

Farine de millet.

Le millet se moud parfaitement dans le moulin domestique, à meule de pierre ; sa farine est d'un blanc jaune, et très-rude ; son goût se rapproche de celui de la farine de riz.

La farine de millet peut faire de bons potages ; quant à sa panification, je ne la connais pas, mais je pense qu'elle serait difficile si on n'avait soin de la mélanger à d'autre farine, soit de seigle, soit de froment.

Farines de légumes secs.

Les farines de fèves, féveroles, pois, lentilles, vesces, haricots, etc., sont généralement meilleures en potage qu'en pain. Mais cette sorte de pain a cela d'avantageux qu'il peut se transporter partout facilement, et se manger froid, seul, sans apprêt, ou conjointement avec d'autres aliments. Et puis, il peut survenir dans certaines contrées des années de disette, où les farines de céréales deviennent assez rares pour qu'on cherche à leur allier des farines légumineuses, voilà pourquoi j'en dirai un mot.

A l'exception des haricots qui sont huileux, les autres légumes peuvent être moulus crus, pourvu qu'ils soient secs. A cet effet on fera bien de les mettre au four après avoir retiré le pain, ou bien on les fera sécher dans une boîte, disposée à cet effet avec des étagères en grillages, et placées les unes au-dessus des autres ; une simple et grande chaufferette avec du poussier de charbon de bois suffira à échauffer cette étuve économique. Les pucerons qui les attaquent seront d'abord chassés et ensuite tués par la chaleur ; il suffira d'un criblage pour les extraire tout à fait avant de concasser. Enfin les fèves, les vesces et les pois seront préalablement concassés par l'un des concasseurs décrits page 18 et suivantes ; ensuite, le moulin domestique réduira promptement ces gruaux en mouture que le bluteau divisera en farine fine, gruau et son.

Ces farines de légumes devront ensuite subir une demi-cuisson avant d'être soumises à la fermentation avec les farines de céréales qui auront dû préalablement former à elles seules les levains; du moins telle est ma pensée fondée sur ce que ces légumes sont plus ou moins difficiles à cuire dans leur état naturel. Au reste, il pourrait se faire que leur division en farine suffise avec la fermentation pour faire du pain. Mais ce sont des expériences comparatives qu'il faudrait faire.

Quant aux haricots, avant d'être séchés à l'étuve ils devront subir une demi-cuisson; sans cette précaution, il serait à peu près impossible de les moudre. Au reste, je ne parle ici de ce légume que parce que j'ai reconnu que de vieux haricots qui ne pouvaient plus cuire, pouvaient encore s'employer en les réduisant en farine, ce qui peut avoir son utilité dans un temps de disette, ces vieux légumes n'ayant plus de valeur commerciale.

Farine médicale.

Dans un ouvrage destiné comme celui-ci aux habitants de la campagne, qui souvent sont éloignés de médecins, je ne crois pas commettre une inconvenance en parlant des farines sous le point de vue hygiénique. Les quatre farines importantes pour les traitements externes sont celles de grandes fèves, d'orge, de seigle, et d'ers ou d'orobe; la farine d'orobe est une espèce de vesce blanche qui est diurétique, et s'emploie pour apaiser les inflammations, nettoyer les plaies, et convient particulièrement aux ulcères des mamelles, et pour effacer les taches de la peau.

La farine de seigle est la meilleure pour amollir, et la farine d'orge pour rafraîchir.

La farine de grande fève est la plus adoucissante, comme la farine de lin est la plus huileuse.

Un bon cataplasme de farine de blé, de beurre frais

et d'eau-de-vie alliés ensemble, est le meilleur résolutif pour les humeurs lymphatiques et lactantes.

De la farine de pomme de terre, qu'il ne faut pas confondre avec la fécule.

La pomme de terre est composée de deux substances qui se confondent si bien par l'effet de la cuisson, qu'on ne peut plus les reconnaître, ni les diviser, se trouvant transformées en une espèce de pain. L'une de ces matières est le parenchyme que les ouvriers féculiers appellent assez improprement du son, car c'est en quelque sorte la charpente, le soutien celluleux de la fécule; l'autre matière est la *fécule* elle-même.

Le parenchyme seul, si on le fait sécher après son extraction, contient une partie mucilagineuse qui se durcit par une plus forte dessiccation (1); d'un autre côté, la fécule est une matière blanche très-fine, non dissoluble à l'eau froide. Ainsi, les deux matières (parenchyme et fécule) que l'on obtient en râpant les pommes de terre crues, et en les lavant, sans les tamiser, pour ôter seulement l'eau de végétation, peuvent entrer dans la fabrication du pain, et même améliorer la mauvaise farine mitée; dans ce cas, les pommes de terre doivent être pelées avant que d'être soumises au râpage (2). C'est donc par erreur qu'on a avancé dans l'*Art du boulanger* que les pommes de terre devaient être cuites à l'eau, puis écrasées avant d'être soumises au pétrissage avec la farine de froment. J'entrerai à ce sujet dans plus de détails à l'article *Pétrissage* ci-après.

---

(1) Dans ces derniers temps, on a trouvé le moyen de blanchir le parenchyme, qui, étant bien sec, peut se moudre dans le moulin à meule de pierre. Mais cette matière qui peut trouver son emploi dans l'art du fabricant de papier, m'a paru privée de ces parties nutritives, n'ayant plus trace de mucilage.

(2) Je me propose de monter de petites râpes économiques pour les personnes qui voudraient faire entrer la pomme de terre dans leur pain.

BOULANGERIE DOMESTIQUE.

CAUSES DES MAUVAISES QUALITÉS DU PAIN A LA CAMPAGNE.

J'ai remarqué que bien souvent, à la campagne, on ne faisait que de mauvais pain, même avec de très-bonne farine. Il est lourd, mal levé, d'un goût sur; quelquefois la mie s'émiette facilement, etc. La plupart du temps, ces défauts viennent d'un pétrissage imparfait et des mauvais levains. Une bonne ménagère doit donc surveiller avec attention ce travail, qui tient si fort à l'hygiène de la famille. Toutefois, si l'on peut dire que l'expérience qu'elle ne saurait manquer d'acquérir par la pratique, l'instruira mieux que mes raisonnements, il est toujours bon de lui épargner les inconvénients de tâtonnements plus ou moins prolongés et onéreux (1).

De l'eau et de ses qualités pour le pétrissage.

Je crois parfaitement inutile une longue dissertation scientifique sur la nature et les propriétés de l'eau; il suffira de rappeler ici que la meilleure dont on puisse

(1) Je m'occupe en ce moment (janvier 1840) de perfectionner et surtout de simplifier un pétrin mécanique à la portée des boulangeries domestiques. Aussitôt que je serai certain de son bon résultat, j'en donnerai la description et la manière d'en faire usage.

se servir pour faire le pain sera précisément la même que celle qu'on se procure ordinairement pour boire, c'est-à-dire douce, et pouvant servir à cuire les légumes, à dissoudre le savon, sans coagulation, ni précipité, enfin, sans mauvais goût ni odeur.

Les eaux de rivière, et en général les eaux courantes, sont préférables aux eaux de puits et de fontaine, attendu qu'elles contiennent plus d'air, et que l'air aide à la division des farines et à la bonne panification; en sorte que si on était réduit aux eaux de puits, il serait bon d'établir, à proximité du puits, un réservoir, ou simplement un tonneau à deux ou trois mètres de hauteur. Ce tonneau rempli, et laissé à découvert, on y percerait un trou de foret pour recevoir dans un baquet, placé au-dessous, le filet d'eau qui s'en échapperait. Par ce moyen si simple, on y mêlerait une certaine portion des molécules d'air dont elle était en partie privée, quitte ensuite à passer cette eau par un tamis, comme cela se pratique chez les boulangers de Paris.

La bonne qualité de l'eau est surtout importante pour le pétrissage du pain de pâte de farine, et en général de tout gros pain, tel qu'il se fait à la campagne, où il n'entre pas de levure de bière, et souvent point de sel. La qualité de l'eau peut aussi avoir de l'influence sur la blancheur du pain; il existe à cet égard des exemples irrécusables.

Température de l'eau de pétrissage.

L'eau doit être tiède pour être bonne à pétrir. Dans l'été, elle est naturellement bonne, quand, en y plongeant la main, on ne la retire pas froide. Dans les temps froids, et surtout dans l'hiver, il faut la faire chauffer, en n'élevant sa température qu'à 10 ou 12 degrés. Si elle était prête à bouillir, elle ne serait plus propre à faire la pâte, parce qu'elle aurait perdu son air; il en serait de même de l'eau prête à geler. L'eau qui a déjà été chauffée n'est plus bonne au pétrissage, bien qu'elle ait refroidi avant que d'être réchauffée ; cette eau ne prend plus les levains et fait colle (1). Enfin, l'eau employée trop chaude fait que le pain *grinche*, comme disent les boulangers, c'est-à-dire que la croûte est éraillée et trop épaisse.

Quantité d'eau pour le pétrissage.

J'ai déjà parlé de la nécessité de mélanger les blés nouveaux aux blés anciens, afin de diminuer l'humidité dans les farines des premiers.

Les farines ont donc plus ou moins d'humidité, suivant qu'elles proviennent de blé plus ou moins récent, et plus les blés seront nouveaux, et recueillis dans des années humides, moins leurs farines absorberont d'eau au pétrissage. Au contraire, les farines provenant de blés anciens, venus dans un bon terroir, à parfaite maturité, et par une année sèche, absorberont beaucoup plus d'eau pour la panification. D'où il résulte qu'il serait fort désirable de pouvoir déterminer au juste la quantité d'eau relative à la qualité des farines. L'expérience acquise par une ménagère intelligente et nullement routinière, suppléera ici à l'insuffisance des meilleurs préceptes. Je me bornerai donc à lui rappeler que les farines les moins favorisées en qualités n'absorberont d'eau que la moitié de leur poids, c'est-à-dire que 50 kilog. de farine n'emploieront que 25 kilog. d'eau; tandis que les bonnes farines en prendront 2|3 de leur poids. Ainsi, 25 kilog. de farine boiront 16 kilog. d'eau, ou environ.

Au reste, il y a moins d'inconvénient à mettre trop d'eau dans la farine que de n'en point mettre assez. Lorsque la pâte n'est pas suffisamment abreuvée, elle

---

(1) Cela paraît contredire ce que j'ai avancé de l'emploi d'une colature dans le pétrissage, laquelle est obtenue par l'action du son à l'eau bouillante ; il faut croire que l'huile assez abondante, qui s'échappe du son, entraîne de l'air, et change la nature de l'eau.

est trop ferme, le pain en est plus difficile à digérer; il sent un goût de pâte et est échauffant, s'il provient de la farine du froment; en un mot, il brûle pour ainsi dire le corps. Si, au contraire, il est entré trop d'eau dans le pétrissage, les yeux du pain sont inégaux et très-grands, la croûte se brûle et quitte la mie; le pain perd son goût et une partie de ses qualités nutritives.

Levain artificiel. — 1er *moyen.*

En toute chose il faut commencer par le commencement.

Je suppose donc le cas où l'on serait dans une habitation isolée, où l'on ferait du pain pour la première fois, n'ayant point de levain, il faudrait en créer un artificiellement, avec n'importe quel objet capable d'exciter la fermentation, comme du vinaigre, de la bière, du cidre, de l'eau-de-vie, ou enfin de la levure de bière seule et de la farine. Voici la manière de procéder:

1° Délayer un peu de farine en une pâte molle;

2° Si la levure est sèche, la dissoudre dans de l'eau un peu plus chaude que pour faire le levain de pâte;

3° La mêler à la pâte déjà délayée, et laisser reposer ce mélange 15 ou 20 minutes dans un endroit chaud: ce temps suffira pour qu'il fermente.

Voici les proportions de ce mélange: farine, 500 gr. ou un demi kilogr.; levure, même poids; eau, 1 kilog.; ce qui fait en tout un levain de 2 kilog. Il faudra peu manipuler ce levain artificiel, pour ne pas en dissiper l'esprit fermentescible, avoir soin de le couvrir d'un linge.

D'après la température de l'air ou de la saison, et la qualité de la levure, on pourra pétrir au bout de 20 à 30 minutes; mais ce levain préparé avec tant de promptitude est sujet à donner au pain un léger goût d'amertume, que l'on remarque presque toujours dans les petits pains à café de Paris; ce qui provient surtout du houblon. A l'égard de ces derniers, on évite ce goût en pétrissant le levain avec de la pâte au lieu de le pétrir avec de la farine, ainsi qu'il sera facile de le faire à la fournée suivante, si elle n'est pas trop éloignée.

Au défaut de levure de bière, il faudra, comme je l'ai dit, avoir recours à un autre ferment, soit spiritueux, soit acide; non pas que les acides soient véritablement des levains, mais parce qu'ils en contiennent un principe essentiel, dans une sorte de sel qui se dissout facilement dans l'eau dont est imprégnée la farine. La fermentation de la pâte est une espèce de dissolution de la farine; ce qui fait que la grosse farine gruauteuse se raffine par la fermentation, et donne un pain plus savoureux et nourrissant que celui produit par les farines trop fines qu'a usées l'action trop accélérée du moulin, ou qui ont repassé trop souvent par les meules.

Il ne faut pas perdre de vue que la chaleur est une condition essentielle à la préparation des levains, en sorte que le pétrin devra être placé dans un endroit chaud et clos. Les courants d'air contrarient la préparation et le pétrissage du pain; par la même raison la farine du levain sera délayée à l'eau chaude, surtout en hiver.

Levure à la pomme de terre.

Après avoir fait cuire à la vapeur 1 kilog. de pommes de terre jaunes ou autres aussi farineuses, il faut les peler, et les écraser encore chaudes, les délayer ensuite à l'eau chaude jusqu'à la consistance de la levure de bière; y ajouter 125 grammes de mélasse et un verre de bière, et placer ce mélange dans un coin de la cheminée pour qu'il se maintienne chaud pendant vingt-quatre heures, et lorsqu'il aura fermenté, l'enfermer dans une bouteille de grès que l'on gardera dans un lieu sec et tempéré pour s'en servir pendant trois ou quatre mois.

Cette levure, comme et mieux encore que celle de la bière, pourrait se conserver sèche; il suffirait pour cela de l'étendre par couches sur des assiettes pendant qu'elle est encore molle, en ayant l'attention d'attendre que chaque couche soit ressuyée avant d'en étendre une nouvelle dessus; continuant ainsi jusqu'à dix ou quinze couches, formant une espèce de cône de levure, qu'on pourra achever de sécher au four après qu'on en a retiré le pain.

Levain naturel, autrement dit, levain de chef. — Deuxième moyen.

Un levain naturel est simplement un morceau de pâte de la dernière fournée, gardée en réserve pour faire lever (c'est-à-dire fermenter) une nouvelle pâte. Entre bons voisins, un levain se prête et se rend réciproquement. Mais avant de travailler ce morceau de pâte, arrêtons-nous un moment à examiner le pétrin.

Un pétrin ordinaire est une espèce d'auge en bois, que l'on désigne dans certaines provinces sous le nom de huche ou maie. Voici comme on y dispose l'ouvrage : à environ 60 centimètres de l'une des extrémités, vers la gauche du pétrisseur, on fait un barrage de farine pour retenir l'eau qu'on y verse ensuite, ce qui, en terme de boulangerie, se nomme la fontaine; c'est dans cet espace, que la veille au soir de la cuisson, on délaye le levain conservé de la dernière fournée, en attirant peu à peu la farine du barrage pour la mêler avec le levain au moyen de l'eau que l'on verse à plusieurs reprises, toujours en la détrempant, pour une nouvelle pâte de levain, c'est-à-dire que le morceau de levain de la dernière fournée est repétrie le soir avec autant d'eau et de farine qu'il en faut pour faire un nouveau levain, qui soit au moins le quart de la quantité de pâte qu'on se propose de faire pour cuire en pain. On couvre ce levain avec un sac, et l'on fait en sorte qu'il se tienne chaud toute la nuit.

Le lendemain matin, on rafraîchit ce levain en le délayant de nouveau avec de l'eau et de nouvelle farine, pour que ce troisième levain représente plus de la moitié de la pâte dont on composera la fournée de pain.

Deux heures après on recommencera à pétrir ce levain avec le restant de la farine préparée pour la cuisson, versant l'eau à diverses reprises, et mêlant toujours de nouvelle farine avec la pâte déjà faite, de façon à former du tout une masse d'une bonne consistance.

Levain naturel. — Troisième moyen.

1° Pour obtenir 20 kilogrammes du meilleur pain qu'il soit possible de confectionner dans une boulangerie domestique, on se procurera un *levain de chef* du poids de 750 grammes ou une livre 1/2 environ, qu'on délayera dans la *fontaine* avec 375 grammes d'eau chaude, dont on ne versera d'abord qu'à peu près moitié ; puis on attirera un peu de farine du bord intérieur de la *fontaine* dans la dissolution du levain ; on y versera le reste de l'eau en deux fois, en n'y mêlant à mesure de la farine que jusqu'à la valeur de 625 grammes ; ce qui formera ensemble un levain de 1,750 grammes (environ 3 livres 1/2), qu'il faudra pétrir fortement. Ensuite, on saupoudrera dessus un peu de farine, et on le couvrira d'un sac pour le laisser lever pendant huit heures.

2° Ce temps expiré, on procédera au second renouvellement du levain en y ajoutant 1 litre, équivalant à un 1 kil. d'eau, et 1 kil. 1/2 de farine, qu'on emploiera en trois fois ; ce qui portera ce levain à 4 kil. 250 grammes. Quatre ou cinq heures suffiront au levain de seconde pour prendre son apprêt.

3° Après ce temps de repos, on lui donnera son troisième et dernier rafraîchissement en le délayant de nouveau dans 2 litres 1/2 d'eau tiède que l'on versera toujours en trois fois, en y ajoutant 4 litres 1/2 de farine ; ce qui portera ce troisième levain à 11 kil. 250 grammes. Cela fait, il ne restera plus qu'à pétrir ce troisième levain, dit levain de *tout point* avec le restant de la farine pour faire le pain, après, toutefois l'avoir laissé reposer pendant deux heures; mais avant il faut en détacher un morceau pour en faire un nouveau levain de chef pour la prochaine fournée.

Ce morceau détaché, il nous restera 10 kil. 1/2 en levain de tout point, qu'il faudra laisser reposer deux heures, afin qu'il prenne son apprêt pour être bon à pétrir avec le restant de la farine qui devra peser 8 kil. 75 grammes; de cette farine on forme la *fontaine* et on y dépose le levain de tout point pour le délayer promptement et très-exactement dans 4 kil. 125 grammes d'eau tiède en hiver, mais non absolument froide en été.

Ce délayage fini on ouvrira la fontaine, en faisant une brèche dans la farine qui forme le barrage, pendant que la dissolution du levain s'écoulera vers le milieu du pétrin; par cette brèche on y mêlera légèrement la farine en la jetant de droite à gauche (nous supposons la fontaine à gauche), on jettera, dis-je, les deux tiers du restant de la farine qu'on aura mise dans le pétrin; ensuite, on mêlera encore environ les 2/3 du restant de farine, qu'on continuera de mêler promptement de gauche à droite avec la première qui sera déjà en pâte molle.

Enfin on grattera toujours avec promptitude le pétrin, et l'on répandra sur la totalité de la pâte 1 kil. 1/2 de l'eau restant à employer; après quoi, on enfoncera les poings par toute la pâte pour faire entrer l'eau; puis, sans désemparer, on jettera en couche en saupoudrant toute cette masse du reste de la farine, sur toute sa longueur et sa largeur, se dépêchant ensuite de la diviser en petites parties; puis, sans s'arrêter, on jettera ces fractions de pâte les unes sur les autres d'un bout à l'autre du pétrin.

Il faudra donner vivement un quatrième tour à la pâte en la divisant encore en petites parties, et ensuite la prenant par pâton de 4 à 5 kil. qu'on jettera à mesure vers l'autre bout du pétrin.

Il est essentiel en maniant la pâte de l'agiter avec

force et promptitude, surtout vers les bords de sa masse; puis on grattera le tour du pétrin, et l'on rassemblera toute la pâte au milieu; ensuite on versera sur toute la surface 1 kil. 1/2 d'eau, que l'on enfoncera de suite avec les poings fermés, en ayant soin de les ouvrir en les retirant. Enfin on donnera un cinquième et même un sixième tour à la pâte en la divisant et en la changeant de place, par parties, la tournant entre les bras, et la transportant par pâtons d'un bout du pétrin à l'autre; jettant ces parties les unes sur les autres, afin que la pâte soit égale et qu'elle ait un même degré de consistance dans sa totalité.

Il ne faut pas oublier de gratter vivement le pétrin à chaque tour de pétrissage, pour avoir une pâte unie et sans grumeaux.

Pour faire de bon pain il faut pétrir d'abord légèrement, et ensuite plus activement, ménageant ses forces pour le travail de la fin. Le pétrissage fini, on rassemblera la pâte, et on répandra légèrement dessus un peu de farine; on la couvrira et on la laissera reposer pendant une heure en été et une heure et demie en hiver.

Si l'on travaillait une plus grande masse de pâte, elle lèverait plus vite, en sorte qu'il faudrait la laisser reposer moins de temps avant de la partager en pains, qu'il faudra aussi couvrir et laisser lever pendant une ou deux heures avant d'enfourner, suivant la saison, et la chaleur du local.

Récapitulation.

Ce travail procurera environ 25 kil. de pâte, donnant plus ou moins de pains selon la dimension dans laquelle on jugera à propos de les faire. Avec ces 25 kil. de pâte, on aura tout au plus 20 kil. de pain tout cuit. Et, en général, plus les pains seront petits, et par conséquent multipliés, plus le déchet par la cuisson sera sensible.

Les quantités données ci-dessus pour exemple (15 kil. de farine et 10 kil. d'eau, produisant environ 20 kil.

de pain) ne sont pas des proportions invariables : elles peuvent être modifiées en plus ou en moins selon les qualités du levain, de la farine, et de l'eau, la température naturelle ou factice, le travail et la cuisson.

Avec ces mêmes quantités de farine et de levain, on pourrait obtenir plus de 25 kil. de pain : 1° en y incorporant plus d'eau ; 2° en travaillant beaucoup plus la pâte, ce qui la diviserait davantage et lui donnerait plus d'air, 3° en ajoutant environ 65 grammes de sel, pour aider à l'absorption de l'eau, et donner en même temps plus de saveur au pain, selon l'usage généralement adopté en Angleterre.

Le bon pain, si précieux pour la santé, ne coûte ni plus de temps, ni plus de dépense que du mauvais, il demande seulement un peu plus d'attention. Plus on travaille la pâte, plus elle se dessèche ; on en est quitte pour y mettre un peu plus d'eau, ce qui est sans inconvénient, surtout en y mêlant du sel. Ce travail a encore la propriété d'adoucir le levain et d'enlever au pain ce goût désagréable qui viendrait d'un excès de levain. Pour cela il n'y a qu'à donner à la pâte un peu plus de temps pour lever, ou bien faire le levain de *tout point* un peu plus grand, pour qu'il reste assez fort et conserve bon goût au pain.

On ne doit rester que vingt-cinq à trente minutes pour pétrir la quantité de pâte que je viens d'indiquer, surtout en hiver, et si cette quantité augmentait le temps employé à la pétrir, on ne pourrait suivre les mêmes proportions, autrement la pâte refroidirait, et le travail trop long nuirait à la fermentation.

Les proportions de levain, de farine et d'eau, toutes ces données enfin pourront servir de base et d'échelle à la quantité de pain que chacun voudra faire ; on évitera toutefois de se servir de poids et de balances, ce moyen serait trop incommode pour le travail dont il s'agit ; il suffira de mesures de capacité telles que litre, demi-litre et cinquième de litre, soit pour l'eau, soit pour la farine dont le poids diffère peu ; puis le tact pratique sera bientôt un des meilleurs guides ; aussi les maîtres et les maîtresses de maison doivent-ils surveiller avec attention, et ne donner leur confiance qu'à une seule domestique, propre et intelligente, si ce n'est plutôt à un homme, réunissant les mêmes qualités, car le métier est rude. Il serait très-bien que ce même homme fût le meunier ; au reste, il n'est pas mal de lui adjoindre une femme pour une foule de menus soins, tels que les rafraîchissements journaliers des levains, qui demandent plus d'attention que de force. De plus, cette boulangère domestique pourrait suppléer l'homme, en cas de maladie ou d'empêchement quelconque.

Une femme peut aussi faire, les jours de fête, quelques-unes de ces pâtisseries de ménage qui sont toujours si mal faites à la campagne, malgré l'emploi des meilleurs ingrédients, tels que le beurre, les œufs frais, etc. J'indiquerai, à la suite du pain, quelques recettes simples de pâtisserie domestique.

Nouveau levain de chef.

Après le troisième rafraîchissement du levain de seconde, devenu alors *levain de tout point*, on se rappelle que nous en avons retiré un morceau dont nous n'avons plus rien dit, pour ne point discontinuer le pétrissage de notre première journée. Ce morceau de levain mis en réserve est destiné à servir de *levain de chef* pour la fournée prochaine et pour la même quantité de 20 kil. de pain. Ce fragment de levain devra être du poids de 750 gr., si l'on doit s'en servir le lendemain, tandis que si on ne doit cuire que de deux en deux jours, la portion de levain à réserver ne devra être que de moitié, c'est-à-dire de 375 gr.; et si l'on ne cuit que tous les trois jours, on ne gardera qu'un levain d'un tiers ou de 250 gr., et ainsi en proportion décroissante, selon que le nombre de jours augmente.

Il faut, pour faire le meilleur pain possible chez un particulier, renouveler le levain tous les jours et le doubler chaque fois par l'addition d'eau et de farine. Ces renouvellements de levain prennent peu de temps;

ils demandent plus d'attention qu'ils ne donnent de peine et font de meilleur pain sans qu'il en coûte plus.

Chaque fois qu'on prendra un morceau de levain de tout point, pour faire un levain de chef, ou qu'on aura renouvelé ce levain, on le roulera dans de la farine et on le mettra dans une sébile de grès ou de bois en le couvrant d'une autre sébile renversée, le conservant toujours de même après chaque rafraîchissement.

Tels sont les soins à prendre pour obtenir un pain semblable à celui des boulangers. Mais si l'on voulait du pain de *pâte ferme,* un peu lourd, tel que celui auquel on est accoutumé dans certaines campagnes, on l'obtiendrait avec moins de précautions; il suffirait de conserver le morceau de levain de tout point pour en faire un nouveau levain de chef que l'on garderait depuis la dernière fournée jusqu'à la nouvelle, par exemple pendant huit jours. On délayerait la veille au soir ce morceau de pâte aigrie avec soin, et avec autant de farine et d'eau qu'il en faudrait pour faire un levain qui soit au moins le quart de la quantité de pâte que l'on se propose de faire pour la cuisson.

Le lendemain matin on refait ce levain en le délayant bien et en y ajoutant assez de farine pour qu'il se compose de plus de la moitié de la pâte dont on fera le pain. Deux heures après, on pourra pétrir, en ajoutant le restant de l'eau et de la farine. Le pétrissage fini, on jettera cette masse sur une table saupoudrée de farine; on l'assemblera et on y jettera légèrement de la farine en dessus, et on la couvrira d'une grosse toile ou d'une couverture; on laissera reposer une heure et demie en hiver et une heure en été. Ce temps écoulé, on pourra partager cette pâte en pains qu'on laissera encore lever pendant une ou deux heures avant d'enfourner, selon la saison.

Pétrissage de farine provenant de blé mouillé.

Cette farine donne ordinairement un pain pâteux, d'un goût désagréablement sucré; on assure pouvoir corriger ce défaut en faisant bouillir l'eau du pétrissage pendant vingt minutes avec des lingots d'étain fin, puis on lui laisse perdre de sa chaleur jusqu'à ce qu'elle soit bonne à faire les levains ; on la coule à travers une passoire avant de s'en servir ; cependant on laissera les lingots dans les levains pour ne les retirer qu'au dernier pétrissage.

Mélange de la pomme de terre à la farine de froment.

Dans les traités de boulangerie, on indique de faire cuire les pommes de terre à la vapeur avant de les pétrir avec la farine de froment. C'est, selon moi, une grave erreur. A quoi bon faire cuire d'avance une substance qui doit nécessairement être cuite au four ? Ce procédé ne peut qu'être nuisible ; la fermentation panaire ne doit-elle pas être suffisante à la première préparation ? Agir autrement, n'est-ce pas comme si l'on faisait cuire la farine de froment ou la pâte qui en provient avant de la tourner en pains pour la mettre au four ? Ce qui a pu, je pense, donner lieu à cette erreur, c'est que la pomme de terre cuite à l'eau ou à la vapeur peut être aussitôt réduite en pâte sous le rouleau, et qu'on peut aussitôt la mêler à la pâte de froment. Il faut ajouter que, du temps de Malouin, la pomme de terre était presque inconnue ; c'est à peine si l'on en cultivait pour la nourriture des cochons ; conséquemment, on n'avait pas encore trouvé le moyen de les utiliser crues. Ce n'est que bien longtemps après l'apparition du livre de cet auteur qu'on s'est avisé de râper les pommes de terre au moyen de procédés aussi longs qu'imparfaits ; il a fallu un laps de quarante ans pour que ce procédé se perfectionnât par l'invention de la râpe mécanique de feu Burette (1).

(1) Le malheur semble s'attacher à presque tous les hommes qui gratifient leurs semblables des plus utiles inventions. Burette est mort dans la misère ; ses fils sont devenus de simples compagnons menuisiers, et sa veuve coud peut-être encore dans une mansarde pour pro-

Il faut donc commencer par ôter la pelure des pommes de terre avant de les réduire en pulpe, en les râpant avec une petite râpe mécanique à bras, ouvrage qui n'est ni long ni difficile ; l'on passe cette râpure au travers d'un tamis en fil de fer, de laiton ou de zinc, à grosses mailles, en le plaçant sur un baquet et en lavant à l'eau froide cette râpure sur ledit tamis. On laisse ensuite reposer dans l'eau une ou plusieurs heures, et l'on décante ; l'on verse ensuite cette râpure de pommes de terre, composée de la fécule et du parenchyme, dans le pétrin où on la délaye avec la farine du blé et le levain. Il serait bon que l'eau de pétrissage fût plus chaude que pour de la farine de blé seule et que l'on commençât à délayer dans cette eau chaude la pomme de terre et le levain avant d'y mêler la farine de céréales. Cette chaleur et ce premier délayage ont pour but de mieux amalgamer la fécule qui n'est dissolvable qu'à l'eau chaude. C'est, comme on voit, un commencement de cuisson qui s'achèvera par la fermentation et le four. C'est surtout ici qu'un peu de sel ne pourra qu'améliorer sensiblement ce genre de pain dans lequel la pomme de terre peut entrer pour un bon quart de son poids en farine, c'est-à-dire qu'à 15 kil. de farine froment on peut ajouter 5 kil. 1|2 de pommes de terre crues, et même davantage si un besoin urgent l'exige. Il est important que les levains et la pâte où il entre de la pomme de terre conservent toujours un certain degré de chaleur plus fort que celui des pâtes ordinaires.

L'on pensera peut-être, comme moi, que ce nouveau mode de panifier la pomme de terre doit être préférable, quand ce ne serait même que pour effectuer l'extraction de l'eau de végétation par le lavage ; on sait que cette eau est fade et même vénéneuse, puisque la pomme de terre est une solanée.

On prétend que le four peut être moins chaud que pour le pain de froment, mais qu'on peut y laisser ce-

longer sa malheureuse existence. Cependant Burette eût obtenu une statue chez les anciens Grecs ; car sa râpe à dents de scie que j'ai perfectionnée, ainsi que d'autres mécaniciens, a fait réussir l'extraction du sucre de betterave et de la fécule de pommes de terre.

lui de pommes de terre plus longtemps; au reste, comme ce moyen ne s'appliquait qu'à l'ancien procédé, où la pomme de terre avait été cuite préalablement à la vapeur, il peut se faire que maintenant le four ait besoin de sa chaleur ordinaire. Je pense aussi que le pain de pomme de terre devrait être plus mince et plus étroit; deux ou trois expériences décideront cette question.

Le mélange de la pomme de terre peut améliorer les farines mitées, qui ont perdu, comme on sait, une partie de leur gluten; cette amélioration proviendra, non seulement de la fécule, mais encore du parenchyme même qui contient du mucilage.

***

Amélioration des mauvaises farines.

Les farines qui ont été altérées par un accident quelconque peuvent se corriger, en cas d'urgence, par divers moyens. Il faut faire passer ces farines par le bluteau; afin de les aérer et de les purger de toute espèce d'ordures, ainsi que des grumeaux qu'elle pourrait contenir. Par exemple, j'ai vu des farines qui s'étaient comprimées et agglomérées en masses assez dures, par un trop long séjour dans des magasins humides; il fallait les briser avec des maillets, et les écraser avec des rouleaux en bois, avant de les bluter. Ces farines pouvaient se corriger : 1° en les mêlant à des farines fraîches, le moins longtemps possible, avant de les employer ; 2° en les délayant dans une décoction de son gras; procédé qui sera décrit plus bas ; 3° par addition de la pomme de terre râpée, ainsi qu'il vient d'être dit plus haut ; 4° en les pétrissant dans une eau où l'on aurait fait bouillir des orties ; 5° en les pétrissant dans une décoction de feuilles de mauve ou de racine de guimauve, cette eau mucilagineuse, étant parfaitement nutritive, il ne s'agirait que de l'assaisonner d'un peu de sel, pour en déguiser la saveur étrangère qui n'est d'ailleurs pas désagréable. Les médecins prétendent même qu'on pourrait mêler avantageusement les feuilles tendres de la mauve à l'oseille et autres farces d'herbes potagères, pour les rendre plus nourrissantes, ce qui serait d'une grande ressource dans les temps de disette; car il ne faut pas tant de choses qu'on pourrait se l'imaginer pour substanter l'homme, si l'on sort du cercle routinier de ses habitudes. A cet égard, les Chinois sont plus ingénieux que nous; ils ont une foule de ressources qui nous sont inconnues, auprès desquelles nous nous laisserions mourir de faim. Je n'en citerai qu'un exemple : ils savent tirer un aliment sain et agréable des algues marines.

6° On pourrait augmenter les farines de céréales et améliorer les mauvaises, dans des temps de disette, par l'admission des farines de différents glands, soit de hêtre ou de chêne; il s'agit seulement de savoir les préparer.

Préparation de la farine de faîne, des glands de chêne et des châtaignes.

Il y a des glands de chêne et de hêtre plus ou moins amers, suivant l'espèce et le terroir d'où ils proviennent. Néanmoins, lorsqu'ils ont atteint une parfaite maturité, ils sont généralement plus doux. Pour leur faire perdre cette saveur désagréable, il faut les torréfier ou les faire bouillir, enlever leur écorce, puis les faire sécher, après quoi on les écrase ou on les brise grossièrement dans le concasseur (V. p. 18), et les réduire en farine dans le moulin à blé.

Les *châtaignes* se traitent de la même manière dans les pays où elles sont assez communes pour faire du pain.

Augmentation du pain par l'extraction de la farine adhérente au son gras.

Ce moyen consiste à faire bouillir le son gras pendant une heure dans l'eau destinée au pétrissage, en ayant soin de remuer fréquemment avec une spatule en bois, le fond de la marmite ou chaudière, pour ne pas laisser brûler; la cuisson terminée et sans attendre le refroidissement, on verse cette décoction sur une grande passoire en fer-blanc, puis l'on comprime le son à l'aide d'une petite presse, afin d'en faire sortir la partie huileuse, pour la réunir à la première eau, cette espèce de bouillie servira à [délayer les levains et la farine pour le pétrissage dont elle augmentera le poids d'environ un cinquième.

M'étant occupé depuis plusieurs années de petits moulins à bras et en fer, qui font beaucoup de son gras, quand on veut expédier l'ouvrage, j'avais recommandé le lavage des sons, et j'ignorais que ce procédé eût trouvé son application, lorsque le hasard m'apprit que les Dames de Lajutais avaient communiqué cette découverte, dont les essais furent répétés sous les yeux d'une commission de douze boulangers de Paris, désignés par M. le ministre de la police. Essais qui eurent lieu à la boulangerie des hôpitaux située à Scipion, et à celle de la prison de Saint-Lazare, où ce procédé obtint de très-bons résultats, ainsi qu'au dépôt de mendicité de Saint-Denis, où cette bouillie, extraite du son, a si bien rétabli des farines avariées à leur retour des Antilles; trajet, pendant lequel elles s'étaient échauffées et maronnées. Le pain pétri avec cette matière, non-seulement, était redevenu sain, mais encore n'avait plus le moindre mauvais goût.

Une autre remarque, non moins intéressante pour le cultivateur, c'est que le son, après avoir rendu à la panification sa farine, par le moyen de l'ébullition et de la presse, n'en est pas moins recherché de la volaille; il paraît que la coction développe de nouveaux principes nutritifs en attendrissant l'enveloppe du grain.

Pain de méteil.

Le meilleur pain de méteil ne contiendra qu'un tiers de seigle avec deux tiers de farine de froment. Les levains doivent être plus vieux et l'eau plus chaude que pour le pain de froment. Le premier levain demande cinq heures d'apprêt, et le second trois heures. Ces deux levains suffisent, avec la précaution qu'ils n'absorbent ensemble que le tiers de la farine, réservant les deux autres tiers pour le levain de tout point qui doit composer la fournée. On n'y mettra point de sel.

Pain de seigle.

La farine du seigle de bonne qualité porte une odeur agréable de violette. Mêlée à la farine d'orge, elle fait un bon effet, attendu qu'elle a plus de liaison et lève mieux que celle de ce dernier grain. En Prusse, où l'on mange beaucoup de pain de seigle, on est dans l'usage, après le pétrissage, de mettre ce pain dans l'eau fraîche, comme on y met les échaudés avant de les enfourner.

Pain d'orge.

Pour éviter des répétitions, je renvoie à ce que j'ai dit de ce grain, ci-devant page 63. J'ajouterai seulement que le pain d'orge ne demande que deux levains, faits très-près l'un de l'autre; le troisième sera celui de tout point. Les deux premiers levains auront absorbé la moitié de la farine destinée à la fournée, et pétrie un peu plus mous que le dernier. Au reste, chaque pétrissage doit être beaucoup manié et *bassiné*, pour donner plus de corps à la pâte qui restera encore maigre quoi qu'on fasse, à moins que d'y mêler du seigle. La durée de la cuisson sera à peu près la même que pour le pain de pommes de terre.

Pain d'avoine.

Le pain d'avoine pur est de si mauvais goût qu'il faut y renoncer à moins d'une extrême urgence, et si on ne peut y mêler d'autres farines, dont celle du froment sera toujours au premier rang.

Ce pain se prépare comme le pain d'orge, en ayant soin de tenir les levains plus fermes, attendu ses qualités opposées.

Pain de sarrasin.

Voyez ce que j'ai dit du sarrasin ou blé noir, page 63, j'ajouterai que pour faire du pain de sarrasin qui passe en certain pays pour être nourrissant, sain et facile à digérer, il faut le pétrir vite et fort avec de l'eau chaude, mettre cette pâte dans des panetons rangés dans un endroit chaud où elle finira de prendre son apprêt. Le four sera peu chaud, on y posera le pain, ou plutôt les galettes, avant qu'elles aient leur vrai point, et comme elles contiennent beaucoup d'eau, on les laissera longtemps au four. Au reste, on y mêlera, autant que possible, quelque farine liante comme celle du seigle, ou des eaux mucilagineuses comme celles indiquées page 84, article *Amélioration des mauvaises farines*.

Pain de Maïs.

La farine du blé de Turquie ou maïs, se rapprochant par son aridité de celle de l'orge et du sarrasin, il est essentiel de la détremper avec l'eau mucilagineuse indiquée page 84, ou avec une décoction de son de froment, page 85, ou enfin avec une farine grasse, ne serait-ce qu'en petite quantité, comme celle du seigle ou de l'avoine; on pourrait encore ajouter du gluten de blé, que l'art perfectionné de l'amidonnier ne peut manquer d'introduire bientôt dans le commerce. En attendant, la meilleure farine, pour aider à la panification du maïs, toutes les fois qu'on pourra s'en procurer, sera toujours celle du froment.

Si on est réduit à employer le maïs pur, il faudra au moins un levain de froment sans mélange, gardé de la dernière fournée. On divisera la farine destinée à faire la cuite en deux portions égales. La première moitié placée dans le pétrin sera creusée au milieu en forme de bassin pour y verser à mesure l'eau chaude, dans laquelle on délayera avec soin le morceau de levain que l'on mêlera ensuite à toute la masse de farine, en la tirant petit à petit dans le liquide; on laissera la pâte fermenter toute la nuit; le lendemain matin on détrempera cette pâte en y ajoutant le restant de la farine et 7 à 8 grammes de sel par kilogramme de pain; ce deuxième pétrissage doit être un peu mou. Lorsqu'il sera suffisamment lié, on délayera de nouveau avec de l'eau froide, pour rendre la pâte très-molle. Cela fait, on en emplira des terrines garnies de grandes feuilles de choux ou, à leur défaut, de feuilles de châtaignier ou de vigne qu'on aura fait faner en les approchant du feu. Ces terrines ne doivent être remplies qu'aux 4/5 près du bord; on les met au four où la pâte se gonfle quelque temps après; lorsqu'on s'en aperçoit, on renverse les terrines afin d'achever la cuisson et la rendre plus efficace.

Au reste, comme ce pain est lourd et se moisit bientôt en été, il serait préférable de le faire en forme de petites galettes plates, sans l'emploi des terrines; il cuirait mieux et serait plus en croûte. Ceux qui pourraient y ajouter du lait rendraient ces galettes plus délicates.

PÉTRISSAGE MÉCANIQUE.

On vient de voir à quels soins minutieux entraîne le pétrissage manuel, combien il exige d'intelligence, de peine et même de force; c'est au point qu'on ne peut le confier raisonnablement à une femme, comme on le fait trop habituellement à la campagne, aussi n'y

5...

trouve-t-on généralement qu'un pain mal pétri et qui n'a pas reçu tous ses apprêts, ce qui cause en partie ses mauvaises qualités. Si l'on réfléchit ensuite combien ce travail demanderait de propreté, on ne peut se défendre d'un certain dégoût; car un pétrisseur éprouve une telle fatigue, qu'il est contraint de quitter tout espèce de vêtements, ne conservant, par décence, qu'une courte jupe de grosse toile. Pendant l'opération du pétrissage, surtout en été, la sueur lui ruisselle partout le corps, et vient tomber dans la pâte... Il est inutile d'en dire davantage; l'imagination du lecteur et son expérience journalière lui retraceront le reste.

On éviterait ces graves inconvénients par l'adoption du PÉTRISSAGE MÉCANIQUE, dont la découverte a été provoquée par la Société d'Encouragement, il y a trente-six ans. L'année d'ensuite un seul boulanger, M. Lambert, de la rue du Montblanc, avait seul répondu à cet appel. Son zèle fut récompensé par un prix de 1,500 francs. Je dis son zèle, car sa machine n'était encore qu'à l'enfance de l'art; mais l'impulsion était donnée. Néanmoins ce ne fut que 18 ans après, qu'une foule de concurrents descendirent dans l'arène avec des moyens ingénieux et savamment combinés. Je vis successivement travailler ces diverses machines; elles étaient plus ou moins compliquées. Cependant, presque toutes, il faut le dire, dans l'intérêt de la vérité, et malgré leurs inconvénients, pétrissaient d'une manière assez satisfaisante pour faire abandonner le travail manuel, si l'on avait eu plus d'égard à la fatigue, à la santé, et par suite à la vie des hommes dont la plupart se trouvent tués ou du moins épuisés, hors de service dès l'âge de 45 à 50 ans, et réduits à terminer leur vie dans la misère.

Mais, il faut bien le croire maintenant, les maîtres boulangers reculeront toujours devant un surcroît de dépense qui s'élève à quatre ou cinq fois la valeur d'un pétrin ordinaire, sans leur présenter une augmentation sensible dans le produit du pain, ni même une diminution dans le personnel de leur boulangerie; les garçons éprouveraient seuls un grand adoucissement dans leur labeur, et le public une garantie de propreté. Néanmoins, les pétrins mécaniques, lorsqu'ils seront perfectionnés, auront l'avantage de tenir moins de place et de permettre de multiplier le nombre de fournées sans augmenter le nombre des garçons. Malheureusement tous les boulangers ne sont pas dans le cas de cuire sept à huit fournées de 80 pains de 2 kil. chaque ; cela dépend des quartiers.

Il faut aussi reconnaître que les garçons boulangers eux-mêmes, qui auraient le plus à gagner, sont les premiers à repousser le pétrissage mécanique. Demandez-leur ce qu'ils en pensent; ils répondent sans hésiter : Cela ne vaut rien. Insistez; demandez-leur pourquoi ? Presque aucun d'eux n'a jamais vu de nouveaux pétrins, et, en définitive, ils n'en connaissent absolument rien. Des personnes sensées auraient de la peine à croire à une pareille aberration si elles ne réfléchissent que, pendant soixante ans, le public s'est obstiné à repousser le système métrique des poids et mesures, tandis que chacun avait le plus grand intérêt à son adoption, excepté les marchands de mauvaise foi, et il a fallu une loi à la suite d'un long enseignement classique, pour y amener la génération présente.

Ainsi, l'incurie des garçons boulangers leur fait redouter une machine qui remplacerait une partie de leur adresse dans la manipulation des pâtes, sans rendre cependant leur coopération moins nécessaire; ils n'en croient pas moins leur état compromis; de là leur dénigrement systématique. Mais ces misérables préjugés, qui prévaudront sans doute encore longtemps dans la boulangerie commerciale, ne peuvent que s'affaiblir et disparaître bientôt chez les particuliers, surtout à la campagne où les femmes sont presque toujours chargées de faire le pain. Une machine qui supprimera le plus pénible de l'ouvrage, en le simplifiant, ne peut manquer d'obtenir bientôt la préférence; il ne s'agit que d'établir des pétrins domestiques sur un système simple, commode et peu dispendieux. Pour atteindre ce but, j'ai cru devoir étudier de nouveau et comparer les différents systèmes de pétrins imaginés depuis trente-six ans, afin de profiter des meilleurs moyens, et d'éviter les défauts réels reprochés à chacun d'eux. Je pense avoir réussi ; mais pour mettre le lecteur à même de juger en connaissance de cause et dans l'intérêt de l'art, voici une analyse succincte des différents pétrins qui ont été imaginés depuis 1811.

Pétrin mobile de Lambert (1811).

Il consistait dans une caisse quadrangulaire de 88 centimètres de long sur 41 centimètres de large et 45 centimètres de profondeur, plus évasée à l'ouverture que du fond ; il était en chêne avec un couvercle à charnières, se fermant à l'aide de vis placées sur le côté.

Ce pétrin, absolument vide, dépourvu de tout mécanisme intérieur, était supporté par deux axes ou pivots placés à chaque bout et seulement au dehors. L'un de ces bouts d'arbre, reposant sur des coussinets, portait un petit engrenage de vingt-huit dents, commandé par un pignon de huit dents centré sur l'arbre d'une manivelle qui servait à le tourner à bras. Les coussinets de ces trois arbres reposaient sur des traverses en bois assemblées elles-mêmes sur des châssis ou patins également en bois.

Expérience de pétrissage faite sous les yeux d'une commission nommée par la Société d'encouragement. — Extrait du rapport de M. Bardel.

« M. Lambert jeta d'abord dans la caisse 16 kil. de farine, non compris le levain, et 6 kil. d'eau ; il ferma ensuite le couvercle et imprima un mouvement de va-et-vient pendant cinq minutes, afin de donner à la farine le temps de s'imbiber de l'eau. Alors il donna un mouvement de rotation lent et gradué qu'il continua pendant quinze minutes. De temps en temps on ouvrait la caisse et on détachait la pâte qui s'était attachée aux parois, lesquelles étaient saupoudrées de farine afin d'empêcher la pâte d'y adhérer.

« Au bout d'un quart d'heure, l'opération était achevée. M. Lambert invita les membres présents à examiner l'état de la pâte, qu'on trouva parfaitement homogène et en tout semblable à celle qu'on obtient par le pétrissage ordinaire. Le conseil lui témoigna sa satisfaction. »

Comme on le voit, M. Lambert n'avait pas fait une grande dépense d'imagination. Son pétrin était simplement une huche ordinaire dont il assujettissait le couvercle avec des vis après y avoir introduit l'eau, la farine et le levain. Le tout était mis en mouvement à l'aide d'un engrenage à manivelle. C'était donc l'enfance de l'art, néanmoins, au bout de vingt minutes, par le mouvement de va-et-vient, le pétrissage parut fini. Cependant il avait fallu ouvrir plusieurs fois le couvercle et détacher la pâte qui adhérait aux parois. Là, sans doute, gisait une partie des défauts du nouveau pétrin. Je dis une partie, car je pense, avec les boulangers, que la commission s'est méprise. Il était physiquement impossible que la pâte fût, par un tel moyen, aussi bien travaillée et aussi homogène que celle pétrie à force de bras, puisque, dans le pétrin-Lambert, cette pâte n'avait pu se faire qu'en se roulant sur elle-même et en absorbant l'eau par son seul poids. Pour tous les gens qui réfléchissent de sang-froid, il y a loin de là au labeur pénible, mais efficace, du *geindre*. On doit regretter que la Société d'encouragement se soit si vite empressée d'accorder le prix de 1,500 fr. à M. Lambert, d'autant plus que ses libéralités se sont arrêtées à ce premier essai. L'honorable Société s'est contentée de la gloire, assez belle à la vérité, d'avoir, la première, provoqué le perfectionnement du pétrissage ou plutôt l'invention du Pétrissage Mécanique; car depuis ce temps une vingtaine de pétrins plus ou moins ingénieux ont été successivement imaginés sans obtenir d'encouragements, si ce n'est, pour quelques-uns, que d'être gravés et insérés dans les bulletins. Etait-ce assez? Il est permis d'en douter. Le public pense, au contraire, que quelques prix dans le genre du premier, auraient mis ces machines plus en relief, les auraient peut-être fait adopter en aidant à leur perfectionnement, ou du moins en auraient fait trouver de plus parfaites.

Pétrin à forces compensées de Selligue. (1829).

L'idée de ce pétrin est fort ingénieuse et semble pouvoir convenir aux grandes boulangeries ; malheureusement, son mécanisme est fort compliqué ; il exige deux étages. Un plancher supérieur porte la première partie du pétrissage qui s'exécute dans un ou deux coffres en bois, montés de façon à se faire équilibrer, c'est-à-dire qu'ils sont fixés par leurs extrémités quand ils sont deux, ou par leur milieu quand ils sont simples. Je dis fixés à un arbre en fer, supporté lui-même par des coussinets reposant sur un bâti en fonte. Ce coffre ou ces coffres ont une ouverture par le haut pour recevoir la farine, l'eau et le levain ; puis, étant refermés, ils reçoivent un mouvement de va-et-vient ou de bascule à l'aide d'une manivelle sur l'arbre de laquelle est centré un volant régulateur, ainsi que des engrenages correspondant à des segments d'engrenage ou lanternes, dont le but est d'alterner le mouvement de rotation et de le transformer en mouvement alternatif. Le but de cette disposition compliquée est de faire équilibrer le poids des coffres à pâte l'un par l'autre, en les faisant basculer dans un sens opposé.

Il en résulte, suivant M. Selligue, que son pétrin n'emploie qu'une force constante de 15 à 20 kil., en sorte que deux hommes pourraient pétrir 250 kil. de pâte en vingt minutes. Mais ce travail est scindé en deux opérations, dont je n'ai encore décrit que la première, en oubliant de dire que l'auteur met aussi dans ses coffres un rouleau cannelé qui active le délayage de la farine et du levain.

Lorsque le pétrin délayeur n'est composé que d'un seul coffre ; l'auteur établit l'équilibre en mettant sa portion de lanterne dans une position horizontale, ou si l'on veut renversée, suspendue à son rayon, qui, lorsqu'elle est en repos, se trouve dans une position verticale. Ce rayon porte une lentille qui, étant à coulisse, peut s'éloigner ou se rapprocher du centre de gravité, suivant le poids du coffre et de la pâte y contenue.

La seconde opération du pétrissage Selligue consiste à faire écouler la pâte dans une seconde machine placée à l'étage inférieur, au moyen d'une trémie située sous le premier appareil. Cette seconde machine consiste en une noix qu'il appelle limaçon, c'est une espèce de cône cannelé et renversé, qui reçoit son mouvement de rotation à l'aide de roues d'angle, qui sont elles-mêmes animées par le moteur principal, ce qui ne peut avoir lieu qu'après avoir déchargé la première machine.

Il est certain que la dernière opération doit finir parfaitement le pétrissage; mais quel embarras doit causer le placement d'un semblable appareil, et puis, que de soins et de peines ne doit-on pas avoir pour le nettoyer dans toutes ses parties !.....

Pétrin à lames hélicoïdes de M. Ferrand, boulanger (1829). — *Extrait du Rapport de M. Herpin à la Société d'encouragement.*

« Ce pétrin est formé d'une lame en bande de fer plate, d'environ 6 centimètres de large et contournée en spirale. Cette lame qui a la figure d'un ressort à boudin de 2 mètres de longueur, et de 65 centimètres de diamètre, se compose de douze tours en hélice, placée dans une position horizontale et tournée sur un axe. Cet appareil s'élève en dehors et s'abaisse dans le pétrin, à volonté, à l'aide d'un treuil. Le fond de la caisse du pétrin est en tôle étamée et de forme semi-circulaire. Ce fond est garni en dessous d'un double fond revêtu en plomb pour contenir de l'eau chaude, afin de réchauffer la pâte à volonté.

« Voici comme il opère :

« 1° Un premier pétrissage, après avoir versé l'eau, la farine et le levain ; on tourne la manivelle pendant 9 minutes.

« 2° On ajoute à la pâte une nouvelle quantité d'eau (ce qui se nomme bassinage) avant de procéder à une nouvelle opération du pétrissage qui dure quatre minutes.

« 3° On arrête le mouvement, et l'on procède au nettoyage qui dure sept minutes; ce qui fait en tout vingt minutes, pour pétrir 3 ou 400 livres de pâte. »

Pétrin-Lasgorseix (1829).

« Ce pétrin, dit la description, est demi-cylindrique dans sa partie inférieure, fermé par un couvercle à tabatière et monté fixe sur un bâti en bois ou en fonte de fer. Il est traversé à l'intérieur par un arbre cylindrique en fer, mû par un système de rouages, composé d'une roue et d'un pignon qui porte manivelle, ou, quand il est de grande dimension, de deux roues et de deux pignons, afin d'obtenir plus de force.

« Cet arbre porte une série de cercles inclinés en fer fondu ou autre métal, placés sous un angle de moins de 45° et sur lesquels sont fixés les rayons.

« Ces cercles servent à pétrir la pâte; le couvercle porte dans l'intérieur deux petites auges, l'une pour mettre la farine, l'autre pour y mettre l'eau à faire la pâte. Ces auges se ferment et s'ouvrent dans la partie supérieure du couvercle, elles se lèvent aussi, et se trouvent placées de manière à ne pas empêcher le service dans l'intérieur du pétrin lorsque le couvercle est enlevé, ainsi que le mécanisme; il sera alors apporté des tablettes formant un second couvercle et sur lesquelles on pourra *tourner* les pains. L'arbre intérieur qui porte les cercles, est porté au dehors du pétrin par une crémaillère mue par un pignon, et une autre crémaillère le ramène à l'intérieur par le même mécanisme. On peut y adapter une trémie mobile pour l'introduction de la farine. »

Comme on voit, l'auteur s'était fortement préoccupé de l'idée du pétrin hélicoïde de M. Ferrand, qui n'avait obtenu sur lui qu'une priorité d'un jour. Peut-être M. Lasgorseix a-t-il voulu perfectionner ce système, en introduisant dans son couvercle deux trémies dont l'une était le réservoir d'eau. Aussi quelle force ne fallait-il pas employer pour enlever ce couvercle ainsi chargé ; et quelle précision pour retenir l'eau dans son bassin ; tandis qu'il paraît si simple d'introduire l'eau et la farine à la main, et de bassiner de même, si des farines échauffées l'exigent ! L'auteur se perd ensuite dans une foule de petits moyens plus minutieux les uns que les autres. Ce sont des châssis pétrisseurs de différentes formes, en fer ou en fonte ; des raclettes diversement disposées ; un cylindre cannelé emprunté à M. Selligue ; puis vient un système de pétrissage où c'est le pétrin lui-même qui tourne dans un sens, tandis que le châssis pétrisseur tourne dans un autre ; puis le système des crémaillères sur un pétrin fixe ; ce sont alors les châssis pétrisseurs qui parcourent la huche dans toute sa longueur. Ces divers moyens ont fait prendre successivement à l'auteur quatre brevets, qui sont tombés maintenant dans le domaine public.

Pétrin de MM. Cavalier frères (1830).

Ce pétrin se compose d'une huche reposant sur le sol, comme les anciens pétrins. Son fond, au lieu d'être plat, est creusé en gouttière, et surmonté dans toute sa longueur d'un cylindre creux en fonte de fer tourné à sa circonférence et centré sur un arbre en fer dépassant les deux extrémités, et qui est mis en mouvement par un engrenage de 120 dents placé en dehors du coffre, et commandé par un pignon de 20 dents, que l'on fait tourner à l'aide d'une manivelle.

Les deux tourillons en fer du cylindre reposent sur des coussinets à coulisses verticales qui permettent d'écarter à volonté le cylindre du fond du coffre, à l'aide d'un levier qui soulève en même temps les engrenages. Au-dessus du cylindre, et dans toute sa longueur, se trouve placé un racloir en bois ferré qui suit les mouvements d'ascension, et qui sert à racler la pâte qui s'attache à la circonférence de ce cylindre. Le fond du pétrin est garni, dans toute sa longueur, d'une forte tôle. Il semble, comme on le voit, que c'est ici une application du rouleau de pâtissier.

Pétrin Corrège (1830).

Ce pétrin se compose, 1° d'une forte huche en bois de chêne montée sur quatre pieds. Ce coffre a la forme d'une auge évasée par le haut, mais dont les deux extrémités sont arrondies ou concaves, pour un jeu de couteaux circulaires. Sur les bords supérieurs de ladite auge se trouvent fixées, par des agrafes, deux crémaillères courant sur sa plus grande longueur. Elles sont surmontées par des pignons qui s'y engrènent, et qui sont mis en mouvement par des engrenages centrés sur des arbres tournants qui traversent le pétrin dans sa plus petite largeur. L'un de ces arbres porte à l'une de ses extrémités une manivelle, et l'autre un volant ainsi qu'un pignon qui engrène avec une roue dentée, centrée sur un deuxième arbre, lequel porte en outre deux croisillons en fonte de six branches chaque, où viennent s'attacher des couteaux dont quelques-uns portent des doigts, ou espèce de râteaux qui ont pour but de diviser la pâte, lorsqu'elle est liée et qu'elle forme nappe autour de cette sorte de dévidoir. En effet, l'eau, la farine et le levain une fois versés dans l'auge, sont d'abord délayés par le mouvement circulaire et de va-et-vient de ladite lanterne qui, à l'aide des crémaillères, parcourt l'auge dans toute sa longueur.

Cet appareil ingénieux doit pétrir d'une manière satisfaisante, lorsqu'on dispose d'une force suffisante ; mais il est à craindre, 1° qu'il ne tombe de la farine et de la pâte dans les crémaillères ; 2° que la pâte ne se refroidisse trop vite ; 3° qu'il n'exige trop de soins et de travail pour être nettoyé et entretenu en bon état de propreté ; en outre son mécanisme, qui demande beaucoup de précision et de main-d'œuvre, ne le rendrait guère admissible qu'en de grandes boulangeries.

Pétrin circulaire et elliptique de David (1830).

Ce pétrin, ou plutôt ces pétrins que l'auteur destinait à pétrir la pâte ou le mortier a été déchu par ordonnance du Roi au bout de cinq ans, moitié du temps que le brevet devait courir, sans doute à la demande de l'inventeur. Le système mécanique de cette machine établi premièrement dans un cuvier à plan circulaire, puis encore dans un cuvier à plan elliptique ; ce système de pétrin, dis-je, ne pourra jamais donner de bons résultats, quels que soient d'ailleurs les moyens savants et ingénieux mis en usage pour faire mouvoir les pièces mécaniques chargées de pétrir la pâte ; attendu que le liquide tend toujours à descendre au fond, que la pâte du haut ne pouvant pas y être envoyée, doit être plus ferme que celle de dessous.

Ainsi ce système me paraît physiquement mauvais, même pour des mortiers ; j'ajouterai, seulement pour mémoire, que M. David faisait tourner son cuvier circulaire sur son fond, en même temps qu'il faisait tourner dans l'intérieur un cône portant pelles et râteaux, et dont la base tombait sur le milieu d'un rayon du fond; c'est-à-dire entre le centre et la circonférence dudit cuvier. Il en résultait que ce cuvier tournant sur lui-même, toute la matière se trouvait successivement, mais inégalement travaillée.

Quant au cuvier elliptique, auquel il avait donné un mouvement de va-et-vient, les matières s'y trouvaient également agitées à l'aide de deux pétrisseurs à mouvement circulaire et dont les axes étaient également verticaux.

Pétrin de Haize (1830).

Le pétrin de Haize est conçu sur un système simple, qui, à l'aide de quelques perfectionnements, doit finir par triompher du pétrissage manuel.

Cette machine se compose d'un cylindre creux en bois, coupé en deux parties par une ligne qui traverse sa longueur en passant par l'axe. L'un de ces demi-cylindres forme le fond du pétrin, l'autre demi-circonférence qui porte les engrenages et les ailes en fer, traversées par l'arbre moteur, sert de couvercle; en sorte que lorsque le pétrin est ouvert, la pâte reste dans la partie inférieure, sauf ce qui adhère aux ailes, dont le volant en fer est divisé en trois parties, ou cadres principaux, qu'on nettoie avec des raclettes.

Pétrin Edwin de Nottingham (1831).

Cette machine consiste en un bâti en bois composé de quatre pieds ou montants réunis par des traverses d'assemblage dont les deux supérieurs forment la partie étroite du bâti. Les deux extrémités portent deux coussinets sur lesquels reposent les deux pivots ou bouts d'arbre formant l'axe du pétrin dont la forme est celle d'un cylindre creux, improprement nommé tonneau. Chacun des bouts d'axe sont doubles, c'est-à-dire que ceux du centre sont pleins et qu'ils passent dans des viroles formant elles-mêmes un second axe creux qui peut tourner en sens contraire de l'axe central, au moyen de troies roues d'angle placées à l'une des extrémités du pétrin, et en dehors du bâti. L'une de ces roues d'angle située près de la manivelle, peut se débrayer à volonté, en sorte que la seconde manivelle placée à l'autre extrémité du pétrin peut travailler seule et mettre en mouvement un châssis en fer placé dans l'intérieur du cylindre, pour commencer à délayer les levains; ensuite, la seconde manivelle peut marcher simultanément avec la première pour faire tourner le tonneau en sens inverse de son châssis extérieur. Ainsi cette machine exige tantôt une, tantôt deux personnes qui peuvent travailler ensemble et séparément.

Je n'ai pas compris l'urgence de ce double mouvement inverse; il m'a paru un luxe de mécanisme, inutile à la bonne confection de la pâte. Le châssis pétrisseur plus petit et assez éloigné des fonds et de la circonférence intérieure du tonneau est peu propre à bien délayer, et encore moins à pétrir suffisamment la pâte, dont une partie doit s'attacher à la circonférence; de plus, la machine est trop fermée pour qu'on puisse détacher commodément cette pâte collée au bois et celle adhérente au châssis en fer, puisque le tonneau n'a qu'une petite bonde carrée, pour introduire et faire sortir les matières. D'où il résulte que cette machine paraît plutôt propre à battre des fluides, qu'au pétrissage.

Pétrisseur automate de M. Nouhans-Maisonneuve.
(1833).

Cette machine, assez compliquée, consiste en un cuvier en bois au fond duquel se place un châssis en fer armé de quatre ou de huit traverses en rayons, lesquelles portent de petites dents en fer, espèce de râteaux à dents verticales; au-dessus de ce premier châssis vient s'emboiter un autre châssis en fer monté sur un arbre en bois et formant quatre ailes de la hauteur intérieure du cuvier. Cet appareil est consolidé par un croisillon en bois qui se démonte à volonté et dont l'une des branches reçoit un levier aussi en bois d'environ 2 mètres de long, qui sert à imprimer un mouvement de rotation à la pâte, soit en tournant autour du cuvier si l'emplacement le permet, soit, dans le cas contraire, en allant et en revenant sur soi-même dans une demi-circonférence.

Il m'a paru : 1° que cette machine compliquée devait fonctionner avec trop de lenteur; 2° que la pâte devait être plus molle au fond du cuvier que dans la partie supérieure, ainsi que je l'ai déjà observé au pétrin-David; 3° que le démontage de l'appareil et son nettoyage devaient être trop longs et minutieux ; 4° enfin qu'il exigeait trop de place dans un fournil.

Pétrin dit Lahoride de M. Lahore (1835).

Le système de M. Lahore, composé de plusieurs machines fonctionnant l'une après l'autre, est aussi, suivant moi, trop compliqué pour être jamais adopté dans la pratique. Il est vrai de dire que l'auteur modifie son pétrin, ou plutôt ses pétrins, suivant le genre de pain qu'on se propose de faire. Mais c'est encore là un défaut de son invention. Il faudrait qu'un même mécanisme se prêtât à ces variations de travail.

Ainsi il distingue un *pétrin fraseur* à cône renversé ou à cuvier et une machine accessoire, dite *fileuse* ou *fileur-batteur*, précédée d'un pétrin à auge triangulaire, dit *délayeur*, espèce de gouttière où le levain, ainsi que la farine sont délayés par un peigne ou râteau auquel un mécanisme d'engrenage et d'échappement imprime un mouvement de va-et-vient. Il y a encore un pétrin *bassineur* à tambour, servant au biscuit de marine et pour bassiner les pâtes provenant de farines fermentées ; il se sert aussi d'un autre tambour inférieur fonctionnant au moment où les pâtes s'écoulent par une ouverture du dernier pétrin. Ce tambour, armé d'un décrottoir, se nomme *détireur ;* enfin il fait usage d'une machine soufflante pour rendre le pain plus léger.

Voici, au reste, des observations de l'inventeur que je crois devoir rapporter :

« J'ai remarqué, dit-il : 1° que les pâtes dites *molles* étaient confectionnées à l'aide d'une simple délayure, et qu'une trop forte agitation dans le pétrin les faisait fermenter trop rapidement ; 2° que les pâtes dites *fermes* et celles à pâtisserie demandaient, au contraire, à être longuement manipulées et fortement agitées ; 3° que si les farines de froment et de méteil avaient entre elles beaucoup d'analogie, il n'en était pas de même des farines de seigle et de maïs ; ces deux dernières exigeant une longue et vigoureuse manipulation ; 4° qu'il existait des farines échauffées, fermentant facilement, et qu'on est obligé de bassiner, c'est-à-dire repétrir avec addition de farine et d'eau. »

Pétrin à vis d'Archimède de M. Maugeret, à Paris.
(1833).

Ce pétrin se compose : 1° d'une auge en bois, évasée, de 3 mètres 50 centim. de long, dont le fond est demi-circulaire ; un arbre moteur en bois, de 16 centimètres de diamètre, portant, distribuées sur sa circonférence et dans toute sa longueur, c'est-à-dire sur deux lignes en hélice, trente-deux branches formant seize rayons sur chaque courbe, lesquels rayons portent à leur extrémité une palette plate. Cet arbre est mis en mouvement par un engrenage à l'aide d'une manivelle et d'un volant, appareil qui est levé hors du pétrin par un treuil et un jeu de poulies à double gorge.

Comme on le voit, cette machine est conçue sur une idée simple ; elle doit manipuler la pâte convenablement. Malheureusement ses palettes en fer et ses rayons sont trop multipliés, lorsqu'il s'agit de les racler l'un après l'autre pour en dégager la pâte, et ce système rentre dans celui du pétrin en hélice de Ferrand.

Pétrin perfectionné de Selligue. (1834)

En 1834, M. Selligue obtint un nouveau brevet de dix ans pour son système de pétrin dont il avait varié la forme : 1° en le rendant courbe ; 2° en faisant son pétrin double, et lui donnant à peu près en profil la forme conventionnelle d'un cœur, tel qu'il est représenté sur les jeux de cartes, sauf que cette forme est un peu plus aplatie et arrondie en dessous ; 3° en variant son axe de suspension et les engrenages qui commandent le mouvement de balançoire. Mais ces nouvelles dispositions et la forme du pétrin qui paraît difficile à nettoyer ne paraissent convenir qu'à de grands travaux, à cause de la complication qui rend cet appareil très-dispendieux. Au surplus, nous devons le dire, M. Selligue avait surtout pour but d'appliquer sa machine au lavage du minerai, du ciment, de la porcelaine et des terres destinées à la poterie, aux briques et tuiles, céruses, etc.; genre de travaux auxquels cette machine peut parfaitement convenir, étant, ainsi qu'il le propose, noyée dans un bassin d'eau.

Pétrin de M. Noverre (Auguste) (1828).

Cette machine est double, c'est-à-dire qu'elle se compose d'abord d'un premier pétrin semi-circulaire pour délayer seulement la farine, le levain et l'eau, à l'aide de trois râteaux soutenus par des croisillons placés sur un arbre horizontal qui traverse le pétrin dans sa longueur. Dix minutes suffisent à ce premier travail; alors on ouvre le fond du pétrin, et la pâte s'écoule dans une espèce de trémie placée au-dessous et attenant au même bâti; là cette pâte est travaillée de nouveau par deux lanternes ou cylindres formés de baguettes, et contenant chacun un cône fixé à la base, et sur lequel la pâte s'écoule lorsqu'elle est introduite dans les cylindres. Ce second travail se fait en cinq ou six minutes, en tout seize minutes; ensuite la pâte tombe dans un troisième réservoir d'où on la prend pour *tourner* les pains.

Ce pétrissage s'exécute par un seul homme, à l'aide d'une manivelle placée sur un arbre portant volant, situé sur un côté en avant du pétrin. Sur cet arbre porte un pignon qui engrène tour à tour le pétrin supérieur et le pétrin inférieur pour leur imprimer successivement le mouvement circulaire à l'aide d'une bielle qui leur est propre.

Il n'est pas douteux que la pâte ne soit suffisamment travaillée par ce double pétrissage; malheureusement cette machine est trop compliquée, surtout pour le nettoyage qui doit y être long, difficile et imparfait.

Pétrin Fontaine.

Le pétrin Fontaine qui se construisait primitivement en bois, est établi sur des principes simples, qui en rendent le service facile ; et comme la pâte s'y fait bien, autant que j'ai pu en juger d'après les derniers perfectionnements apportés par M. Arsenne Moret, cette machine paraît définitivement adoptée dans plusieurs établissements, entre autres chez les frères Mouchaut, à la boulangerie Aéro-Thermes qui l'avaient déjà perfectionnée.

Ce pétrin se compose d'un cylindre creux en fonte de fer, portant deux douilles creuses, tournées et alaisées, situées au centre et en dehors de ses fonds. Ces douilles servent d'axe au pétrin, et reposent en conséquence sur des coussinets qui font corps avec un bâti ou pied en fonte. Ce cylindre est coupé en deux sur sa longueur, immédiatement au-dessus des douilles, par une corde ou ligne, sous-tendante d'un arc plus petit que le corps du pétrin auquel il sert de couvercle. La portion inférieure est traversée par un arbre fixe en fer, lequel est armé de plusieurs rayons aussi en fer. Le couvercle porte à l'intérieur des doigts ou rayons alternant ceux de l'arbre fixe. Ce couvercle à charnières se ferme solidement en dehors par des boulons à vis ; en sorte que, lorsque le corps du cylindre est mis en mouvement par son engrenage à volant et à manivelle, il tourne autour de son arbre ; il en résulte que la pâte est étirée par les doigts ou rayons intérieurs. J'oubliais de dire que ce pétrin est divisé vers la moitié de sa longueur pour recevoir la pâte du premier pétrissage. Le couvercle en fonte, naturellement un peu lourd, peut s'ouvrir à l'aide d'un petit treuil ; en outre, la partie inférieure est rendue fixe après le pétrissage pour pouvoir retirer la pâte et nettoyer à l'aide d'un mécanisme particulier.

Le pétrin Fontaine a obtenu, en 1835, un brevet d'invention de 10 ans, et un brevet d'addition et de perfectionnement en 1840.

Pétrin de MM. Puissant de Bernoville et Besnier-Duchaussai (1836).

Ces messieurs étaient brevetés pour un four et un pétrin ; on trouvera ci-après la description du four avec celle de plusieurs autres.

Le pétrin Puissant se compose d'un bâti en bois de 2 mètres 33 centimètres de haut ; il porte dans sa partie supérieure un bac qui contient la farine ; au-dessous se trouve un cylindre de bluteau, posé horizontalement et recevant la farine qui s'échappe du bac par deux conduits placés à ses extrémités. Ce bluteau tamise la farine dans toute la longueur du pétrin situé en dessous, et dont la longueur est de 2 mètres sur 60 centimètres de large. Le fond de ce pétrin est semi-circulaire ; il est traversé dans sa longueur par un arbre en fer portant quatre couteaux qui lui sont parallèles, et servent à détremper la farine et le levain, et à faire la pâte, laquelle, lorsqu'elle est parfaite, s'écoule par le fond du pétrin et l'ouverture d'une trappe qui le traverse dans sa longueur, comme dans le pétrin Noverre ; cette pâte tombe dans deux tiroirs placés au-dessous. Le fond des tiroirs est maintenu chaud par de la braise, supportée sur un plancher.

Ce pétrin, que les auteurs trouvent simple, paraît au contraire assez compliqué dans le fond de sa construction, surtout relativement au nettoyage ; et *la trappe* pratiquée dans le fond de sa concavité demande une trop grande justesse d'ajustage pour ne pas laisser échapper une portion de l'eau de pétrissage.

Voici maintenant la liste des pétrins dont les brevets ne sont pas tombés dans le domaine public. Je les ai tous examinés et comparés ; mais comme ils sont encore la propriété de leurs inventeurs, je ne puis me permettre de les décrire et de les critiquer, ainsi que je l'ai fait des autres, comme c'était mon droit et mon devoir. Toutefois, en faisant connaître librement mon opinion; je déclare qu'elle n'a rien de personnelle : je rends au contraire hommage au génie varié des inventeurs, s'ils ne sont pas arrivés, selon moi, complétement au but, quelques-uns s'en sont du moins approchés de très-près; il leur reste du moins à tous la gloire d'avoir aplani les plus grandes difficultés; personne n'est infaillible, moi non plus que d'autres.

1843. Brevet de 5 ans, à M. Sourd neveu, boulanger à Toulon : pétrin dit à bascule.

1843. Brevet de 15 ans à M. Fleschêne, boulanger à Paris.

1844. Brevet de 5 ans, à M. Guet, boulanger à Mustapha-Supérieur, près Alger.

1829. Brevet de 15 ans au pétrin mécanique de MM. Guy frères, à Paris.

1829. Brevet de 15 ans à la machine à pétrir, dite Matropste, de M. Mouchant, pharmacien à Perpignan (Pyrénées-Orientales).

1829. Brevet de 15 ans à MM. Richeux et Fleschelle, boulangers à Paris.

1829. Brevet de 10 ans à M. Plandeux, qui en a fait cession à M. Bosq, boulanger, boulevard des Trois-Journées, 6, à Marseille.

1840. Brevet de 10 ans à M. le comte de Beaurepaire, pour son pétrin dit *conducteur*.

1844. Brevet de 15 ans, à M. Durbosch, distillateur à Bouqueville-lès-Saints, à Volx (Moselle); pétrin pour le mélange de la pomme de terre écrasée avec de l'orge maltée, sans addition d'eau. Cette machine est seulement propre à la distillerie.

N. B. Je fais modeler en ce moment un nouveau pétrin dont les dimensions le rendront propre à la boulangerie domestique, mais dont le système pourra s'étendre à la boulangerie commerciale. Lorsque des expériences répétées nous auront mis à même d'y introduire tous les perfectionnements qu'il comportera, nous le ferons connaître à nos lecteurs.

Fours domestiques.

La cuisson est pour beaucoup dans la qualité du pain; cependant il n'est pas rigoureusement nécessaire de s'astreindre aux usages adoptés par la boulangerie commerciale. Un four domestique doit être fort simple et proportionné à la quantité de pain strictement nécessaire pour le ménage, car s'il était trop grand, il consumerait trop de combustible. Il faudra donc calculer la surface de l'âtre suivant le genre et le nombre des pains qu'on se propose d'y cuire; car plus les pains seront petits, plus ils occuperont de place. Le gros pain en usage à la campagne, et dont le poids est de 5 à 6 kilog., n'a guère plus de 60 centimètres de diamètre, en sorte qu'un petit four de 1 mètre 30 cent. de diamètre serait suffisant pour cuire 20 à 25 kilog. de pain, quand bien même il se ferait quelques petits pains de fantaisie en même temps; si, au contraire, le pain devait être bourgeois, se rapprochant de celui de boulanger, il faudrait faire le four d'environ un tiers plus grand, toujours proportionnellement à la quantité du pain.

La meilleure forme à donner au four, dans le système le plus généralement adopté de nos jours, où l'on fait le feu dans le four même, est la forme circulaire pour l'aire ou âtre qui est plat, quelquefois horizontal, et le plus souvent s'élevant de 3 à 4 cent. de la bouche au fond. La voûte, ou chapelle, est une portion d'hémisphère creuse et aplatie, autrement dite voûte en anse de panier.

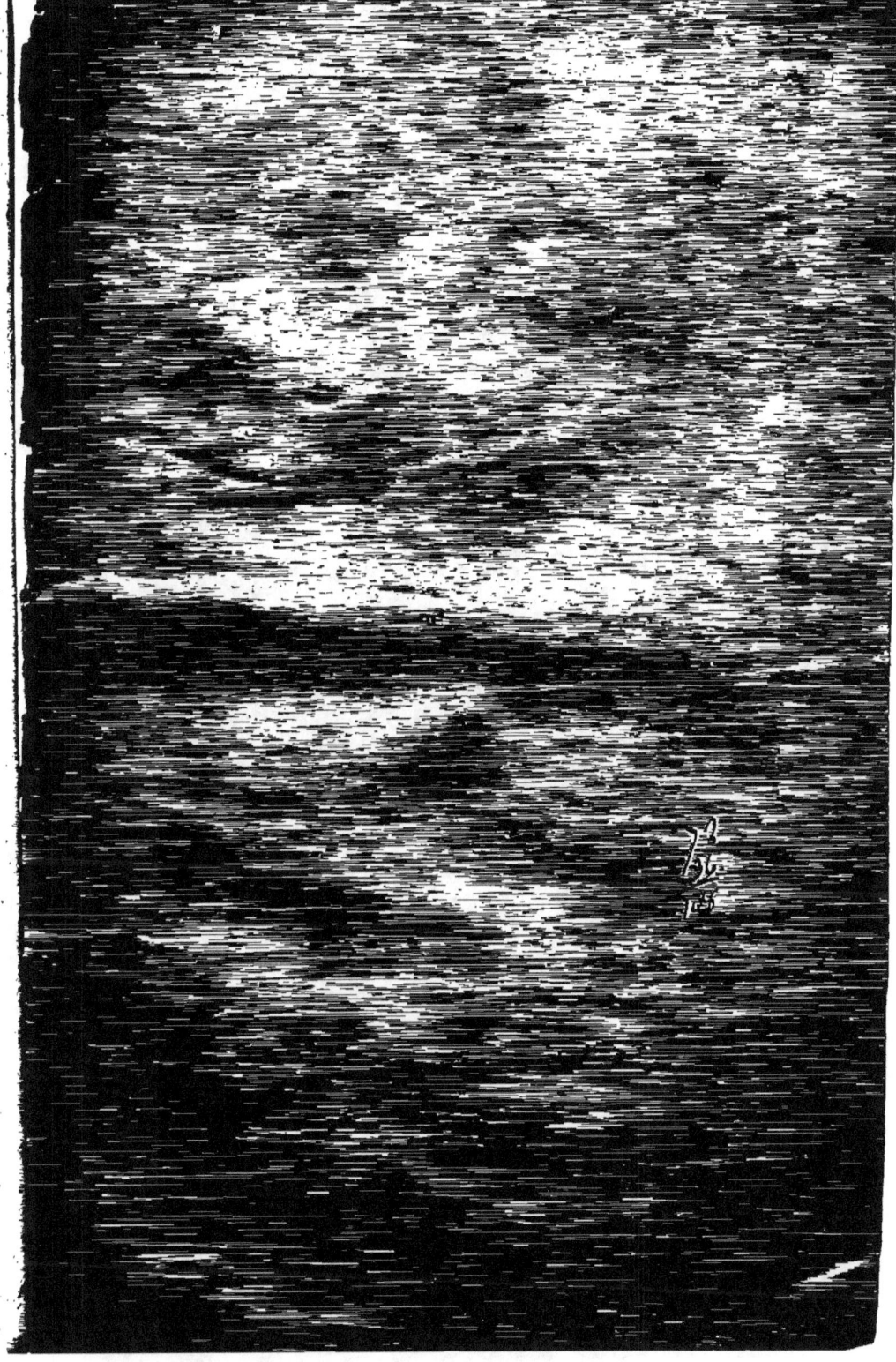

www.ingramcontent.com/pod-product-compliance
Lightning Source LLC
LaVergne TN
LVHW051456090426
835512LV00010B/2179